| 차시 | 날짜 | 빠르기 | 정확도 | 확인란 | | 빠르기 | 정확도 | 확인란 |
|------|------|--------|--------|--------|--|--------|--------|--------|

| 1 | 월 일 | 타 | % | | 13 | 월 일 | 타 | % |
|---|------|----|---|--|----|------|----|---|
| 2 | 월 일 | 타 | % | | 14 | 월 일 | 타 | % |
| 3 | 월 일 | 타 | % | | 15 | 월 일 | 타 | % |
| 4 | 월 일 | 타 | % | | 16 | 월 일 | 타 | % |
| 5 | 월 일 | 타 | % | | 17 | 월 일 | 타 | % |
| 6 | 월 일 | 타 | % | | 18 | 월 일 | 타 | % |
| 7 | 월 일 | 타 | % | | 19 | 월 일 | 타 | % |
| 8 | 월 일 | 타 | % | | 20 | 월 일 | 타 | % |
| 9 | 월 일 | 타 | % | | 21 | 월 일 | 타 | % |
| 10 | 월 일 | 타 | % | | 22 | 월 일 | 타 | % |
| 11 | 월 일 | 타 | % | | 23 | 월 일 | 타 | % |
| 12 | 월 일 | 타 | % | | 24 | 월 일 | 타 | % |

# 이 책의 목차

 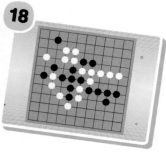  

재미있는 작품들을 만들다 보면
어느새 나도 파워포인트 2016 전문가!!

 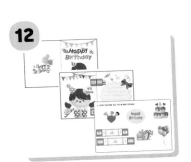

# 01 동생을 위한 한글 낱말 카드

지우는 요즘 한글을 배우기 시작한 동생을 위해 한글 낱말 카드를 만들어 주고 싶었어요. 어떻게 하면 동생이 쉽고 재미있게 한글을 배울 수 있을까 고민하다가 글자를 크게 쓰고 동생이 좋아하는 그림을 넣어 주기로 했습니다. 지우와 함께 한글 낱말 카드를 만들어 볼까요?

 **학습목표**
» 파워포인트 2016을 실행하여 파일을 열 수 있습니다.
» 워드아트(WordArt)를 삽입하고 서식을 설정할 수 있습니다.
» 그림을 삽입하고 크기와 위치를 조정할 수 있습니다.

 • **실습파일** : 한글낱말카드.pptx, 이미지 파일(가방, 나비, 다람쥐, 라면)   • **완성파일** : 한글낱말카드(완성).pptx

**미리보기**

가방

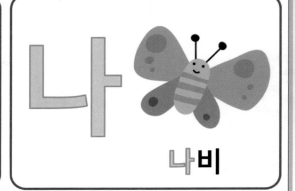
나비

다람쥐

라면

 **오늘 배울 기능**

▶ **WordArt 삽입** : [삽입] 탭-[텍스트] 그룹-[WordArt]-[WordArt 스타일]

▶ **그림 삽입** : [삽입] 탭-[이미지] 그룹-[그림]

▶ **텍스트 삽입** : [삽입] 탭-[텍스트] 그룹-[텍스트 상자]-[가로 텍스트 상자]

# 1 파워포인트 실행하여 실습파일 열기

**01** 화면 왼쪽 아래의 **[시작(⊞)]**을 클릭하고 [ PowerPoint 2016 ]를 클릭하여 파워포인트 2016 프로그램을 실행한 후 **[다른 프레젠테이션 열기]**를 클릭해요.

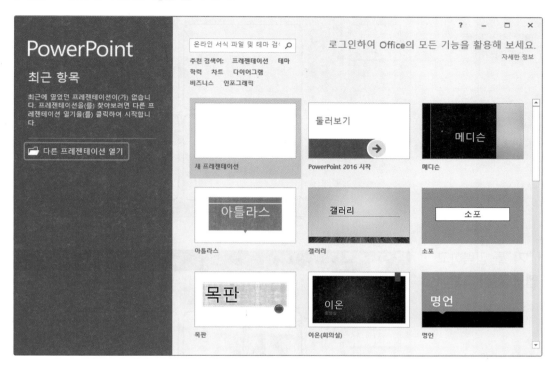

**02** **[찾아보기]**를 클릭하여 [열기] 대화상자가 나타나면 [01차시] 폴더의 **'한글낱말카드.pptx'**를 선택한 후 [열기]를 클릭해요.

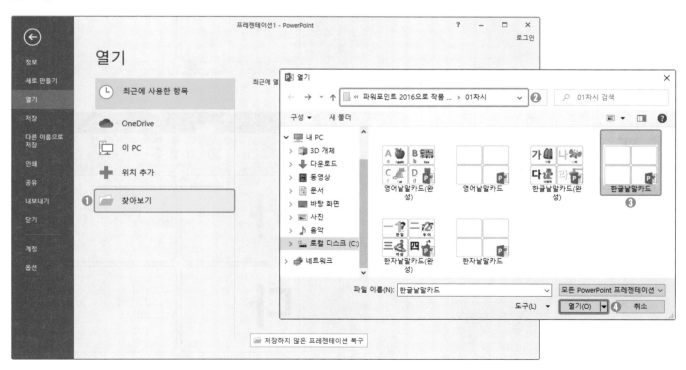

**01** WordArt를 삽입하기 위해 **[삽입] 탭-[텍스트] 그룹-[WordArt]-[A]**를 클릭해요.

- ❸ WordArt 스타일(채우기 – 파랑, 강조 1, 윤곽선 – 배경 1, 진한 그림자 – 강조 1)

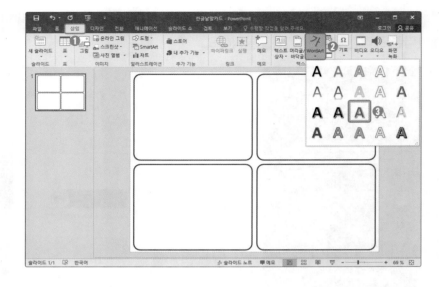

**02** 개체 틀이 나타나면 **"가"**를 입력하고 테두리를 클릭한 후 **[홈] 탭-[글꼴] 그룹**에서 글꼴 크기를 설정해요.

- ❹ 글꼴 크기(138pt)

**03** 테두리를 드래그하여 첫 번째 카드의 왼쪽 부분으로 이동해요.

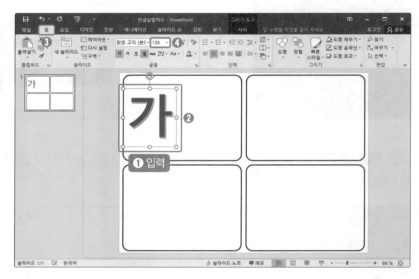

**04** 같은 방법으로 WordArt를 이용하여 **"나"**, **"다"**, **"라"**를 다음과 같이 입력해요.

- "나" : '채우기 – 주황, 강조 2, 윤곽선 – 강조 2'
- "다" : '채우기 – 검정, 텍스트 1, 윤곽선 – 배경 1, 진한 그림자 – 강조 1'
- "라" : '채우기 – 흰색, 윤곽선 – 강조 2, 진한 그림자 – 강조 2'

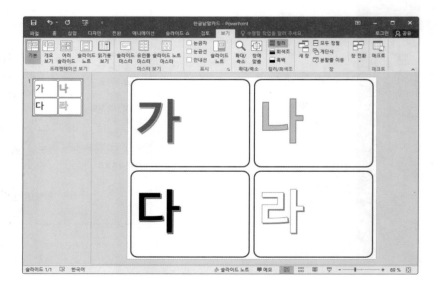

**③ 그림 삽입하기**

**01** 그림을 삽입하기 위해 **[삽입] 탭-[이 미지] 그룹-[그림]**을 클릭하여 [그림 삽입] 대화상자에서 [01차시] 폴더의 '**가방.png**'를 선택한 후 [삽입]을 클릭해요.

**02** 삽입된 그림의 크기와 위치를 조정해요.

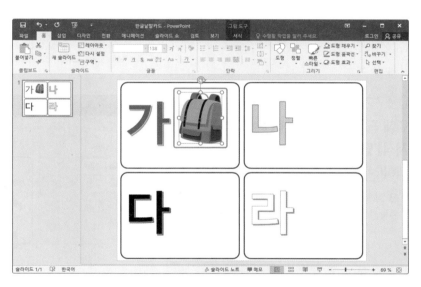

**03** 같은 방법으로 '**나비.png**', '**다람쥐. png**', '**라면.png**'를 삽입하여 다음과 같이 크기와 위치를 조정해요.

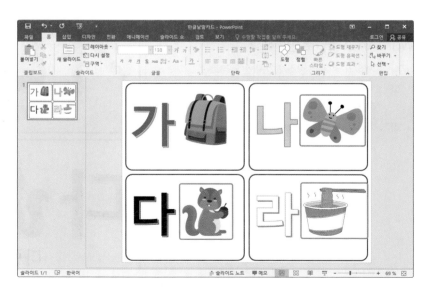

**01** 낱말을 입력하기 위해 **[삽입] 탭-[텍스트] 그룹-[텍스트 상자]-[가로 텍스트 상자]**를 클릭한 후 가방 그림 아래의 빈 곳을 클릭하여 **"가방"**을 입력해요.

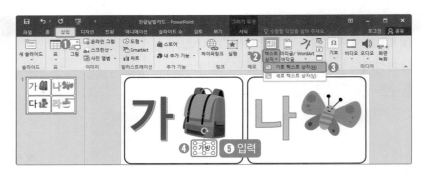

**02** 테두리를 클릭하여 **[홈] 탭-[글꼴] 그룹**에서 글꼴 크기와 글꼴 스타일을 설정해요.

· ❸ 글꼴 크기(36pt) ❹ 글꼴 스타일(굵게)

**03** **"가"**를 WordArt 스타일로 변환하기 위해 드래그하여 선택하고 **[그리기 도구-서식] 탭-[WordArt 스타일] 그룹**에서 자세히(▼)를 클릭한 후 **[A]**를 클릭해요.

· ❸ WordArt 스타일(채우기 – 파랑, 강조 1, 윤곽선 – 배경 1, 진한 그림자 – 강조 1)

**04** 같은 방법으로 **"나비"**, **"다람쥐"**, **"라면"**을 입력한 후 **"나"**, **"다"**, **"라"**를 WordArt 스타일로 변환해요.

· "나" : '채우기 – 주황, 강조 2, 윤곽선 – 강조 2'
· "다" : '채우기 – 검정, 텍스트 1, 윤곽선 – 배경 1, 진한 그림자 – 강조 1'
· "라" : '채우기 – 흰색, 윤곽선 – 강조 2, 진한 그림자 – 강조 2'

혼자서 뚝딱뚝딱

**1** 실습파일을 열어 WordArt와 그림, 텍스트를 입력한 후 작성 조건에 따라 다음과 같이 만들어 보세요.

· **실습파일** : 영어낱말카드.pptx, 이미지 파일(apple, bus, cat, doll)　· **완성파일** : 영어낱말카드(완성).pptx

 작성 조건

| 글꼴 크기 | · 대문자(138pt), 소문자(80pt), 단어(48pt) |
|---|---|
| WordArt 스타일 | · "A" : 무늬 채우기 – 파랑, 강조 1, 50%, 진한 그림자 – 강조 1<br>· "B" : 무늬 채우기 – 청회색, 텍스트 2, 어두운 상향 대각선, 진한 그림자 – 텍스트 2<br>· "C" : 그라데이션 채우기 – 회색<br>· "D" : 그라데이션 채우기 – 파랑, 강조 1, 반사 |

💡 키보드의 한/영을 누르면 한글과 영문 입력 상태를 전환할 수 있고, Shift를 누른 상태에서 입력하면 대문자와 소문자 입력 상태를 전환할 수 있습니다.

**2** 실습파일을 열어 WordArt와 그림, 텍스트를 입력한 후 작성 조건에 따라 다음과 같이 만들어 보세요.

· **실습파일** : 한자카드.pptx, 이미지 파일(1~4)　· **완성파일** : 한자카드(완성).pptx

 작성 조건

| 글꼴 크기 | · 한자(138pt), 한글(48pt) |
|---|---|
| WordArt 스타일 | · 공통 : '채우기 – 검정, 텍스트 1, 그림자', 글꼴 스타일(굵게)<br>· 텍스트 채우기 : "一"(주황), "二"(연한 파랑), "三"(빨강), "四"(진한 파랑) |

💡 한글(일, 이, 삼, 사)을 입력한 후 키보드의 한자를 눌러 한자 목록이 나타나면 변환할 한자를 클릭하여 변환합니다.

# 02 예쁜 그림이 있는 동시

지우는 직접 지은 동시를 멋있게 발표하고 싶은데, 컴퓨터에 설치되어 있는 기본 글자 모양이 마음에 들지 않아서 고민이에요. 동시를 예쁘게 꾸미고 손글씨처럼 예쁜 글꼴을 적용할 수 있는 방법을 같이 배워 볼까요?

**학습목표**
» 무료로 사용할 수 있는 글꼴을 내려받아 설치할 수 있습니다.
» 설치한 글꼴을 적용하여 슬라이드를 예쁘게 만들 수 있습니다.
» 배경을 그림으로 채울 수 있습니다.

• **실습파일** : 동시.pptx, 이미지 파일(배경1, 나비1~4, 꽃1~4)   • **완성파일** : 동시(완성).pptx

**미리보기**

**오늘 배울 기능**

➡ **무료 글꼴 내려받기** : 어비폰트(uhbeefont.com) 사이트에서 원하는 글꼴의 [다운로드] 버튼 클릭

➡ **글꼴 설치하기** : 글꼴 파일 더블클릭 후 [설치] 버튼 클릭

➡ **배경을 그림으로 채우기** : [디자인] 탭-[사용자 지정] 그룹-[배경 서식]-[채우기]-[그림 또는 질감 채우기] -[파일]

**1 무료 글꼴 내려받아 설치하기**

**01** 무료 글꼴을 내려 받아 설치할 수 있는 어비폰트 사이트에 접속하기 위해 마이크로소프트 엣지나 크롬 등의 웹 브라우저를 실행한 후 주소창에 "uhbeefont.com"을 입력하고 Enter 를 눌러요.

**02** 아래로 스크롤하여 '**어비 찌바체**'를 찾아 다운로드 버튼(<sup>⬇</sup>)을 클릭한 후 인터넷 창 아래쪽의 '**파일 열기**'를 클릭해요.

💡 사용하는 웹 브라우저에 따라 파일 열기 방법이 다를 수 있어요.

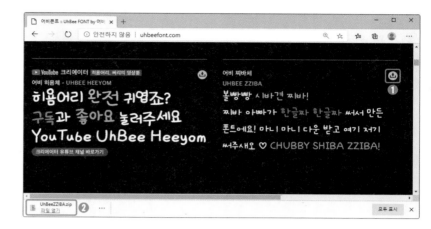

**03** 압축 풀기 창이 나타나면 글꼴을 설치하기 위해 '**UhBeeZZIBA-Regular.ttf**' 파일을 더블클릭해요.

**04** 글꼴 설치 창이 나타나면 [**설치**]를 클릭한 후 설치가 완료되면 [**닫기**] 버튼을 클릭해요.

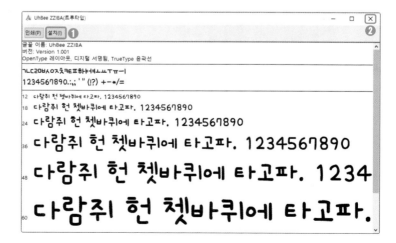

**01** 파워포인트 2016 프로그램을 실행하여 **[다른 프레젠테이션 열기]**를 클릭한 후 [02 차시] 폴더의 **'동시.pptx'** 파일을 열어요.

💡 새 프레젠테이션을 열고 [파일]-[열기] 메뉴를 클릭하거나 Ctrl + O 를 눌러도 됩니다.

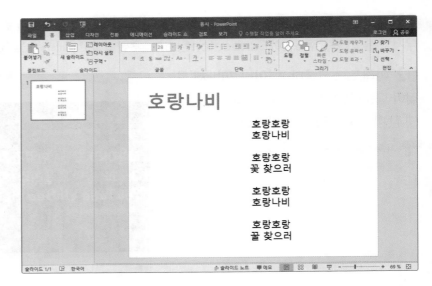

**02** 동시가 입력된 텍스트 상자의 테두리를 클릭한 후 **[홈]** 탭-**[글꼴]** 그룹-**[글꼴]** 목록에서 **'UhBee ZZIBA'**를 찾아 클릭해요.

**03** 동시의 제목을 클릭하여 같은 방법으로 **'UhBee ZZIBA'** 글꼴로 변경해요.

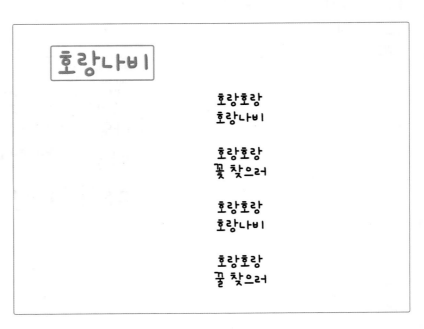

## ③ 배경을 그림으로 채우기

**01** 슬라이드의 배경을 설정하기 위해 **[디자인] 탭-[사용자 지정] 그룹-[배경 서식]**을 클릭해요.

💡 슬라이드의 빈 곳에서 마우스 오른쪽 버튼을 클릭하여 나타나는 바로 가기 메뉴에서 [배경 서식]을 클릭해도 됩니다.

**02** **[배경 서식]** 작업 창에서 **[채우기]-[그림 또는 질감 채우기]**를 선택하고 **[파일]**을 클릭해요.

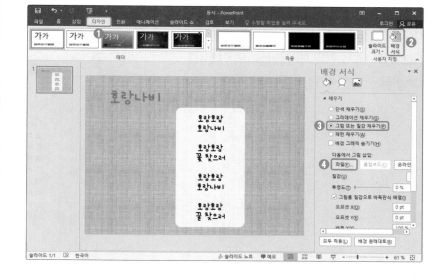

**03** **[그림 삽입]** 대화상자에서 **[02차시]** 폴더의 '**배경1.jpg**'를 선택하고 **[삽입]**을 클릭해요.

**04** **[배경 서식]** 작업 창의 **[닫기]** 버튼을 클릭하고 선택한 그림 파일로 배경이 채워진 것을 확인해요.

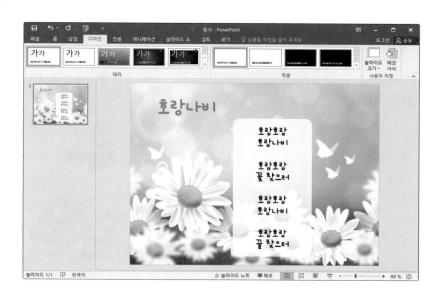

## 4 그림 삽입하기

**01** 그림을 삽입하기 위해 **[삽입] 탭-[이미지] 그룹-[그림]**을 클릭하여 [그림 삽입] 대화상자에서 [02차시] 폴더의 '**나비1. png**'를 선택한 후 [삽입]을 클릭해요.

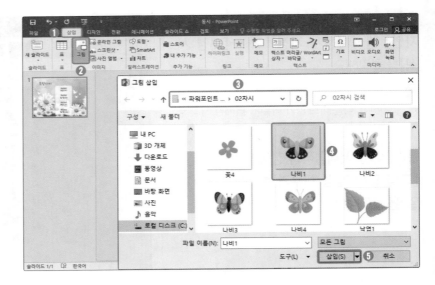

**02** 삽입된 그림을 드래그하여 위치를 이동시킨 후 회전 핸들(◉)을 드래그하여 회전시켜요.

📌 Shift 를 누른 채 개체를 회전시키면 15도씩 회전이 됩니다.

**03** 같은 방법으로 '**나비2~4.png**'와 '**꽃1~4.png**' 그림 파일을 삽입하여 다음과 같이 꾸며 보세요.

**혼자서 뚝딱 뚝딱**

1 '공유마당(gongu.copyright.or.kr)'의 '안심 글꼴파일 서비스'에서 '안동엄마까투리' 글꼴을 내려받아 설치한 후 실습파일을 열어 작성 조건에 따라 만들어 보세요.

• 실습파일 : 단풍나무.pptx, 이미지 파일(배경2, 낙엽1~4)    • 완성파일 : 단풍나무(완성).pptx

 **작성 조건**

| | |
|---|---|
| 글꼴 | • 마이크로소프트 엣지나 크롬 등의 웹 브라우저를 실행한 후 검색창에 "공유마당"을 검색하거나 주소창에 "gongu.copyright.or.kr"을 입력하여 '공유마당' 홈페이지에 접속<br>• 첫 페이지 오른쪽 위의 '안심 글꼴파일 서비스' 클릭<br><br>• 글꼴 목록에서 안동엄마까투리체 를 클릭하여 글꼴 파일을 내려받은 후 설치 |
| 배경 | • '배경2.jpg' 삽입<br>• [배경 서식] 작업 창의 [그림(🖼)] 탭에서 그림 보정(선명도 '25%', 밝기 '-5%', 대비 '-10%') |
| 그림 | • '낙엽1~4.png' 삽입<br>• 크기와 위치 조정 후 회전 |

💡 글꼴을 설치한 후 파워포인트 프로그램을 실행해야 설치한 글꼴이 목록에 나타납니다.

# 03 3D 동물의 왕국

지우는 TV에서 '동물의 왕국' 다큐멘터리 프로그램을 보다가 마인크래프트 스타일로 동물의 왕국을 만들어 보고 싶어졌어요. 마치 레고 블록을 조립하듯이 넓은 초원에 다양한 지형지물과 동물들을 추가해서 3D 동물의 왕국을 만들어 볼까요?

**학습목표**
» 개체를 복제하고 미세하게 이동시킬 수 있습니다.
» 여러 개체들의 가로 또는 세로 간격을 동일하게 맞출 수 있습니다.
» 한 개체에서 다른 개체와 겹치는 부분을 빼서 다양한 형태를 만들 수 있습니다.

· 실습파일 : 동물의 왕국.pptx    · 완성파일 : 동물의 왕국(완성).pptx

 미리보기

 오늘 배울 기능

➤ **간격 동일하게 맞추기** : [그리기 도구-서식] 탭-[정렬] 그룹-[맞춤]-[가로 간격을 동일하게]/[세로 간격을 동일하게]

➤ **좌우 대칭하기** : [그리기 도구-서식] 탭-[정렬] 그룹-[회전]-[좌우 대칭]

➤ **도형 병합하기** : [그리기 도구-서식] 탭-[도형 삽입] 그룹-[도형 병합]-[빼기]

**1 초원 넓히기**

**01** 파워포인트 2016 프로그램을 실행하여 [03차시] 폴더의 **'동물의 왕국.pptx'** 파일을 열어요.

**02** 초원을 넓게 만들기 위해 **'초원'** 블록을 선택하고 Ctrl 을 누른 채 왼쪽 아래로 드래그하여 복제한 후 같은 방법으로 오른쪽, 아래쪽 순으로 복제해요.

💡 개체를 미세하게 이동시키려면 Ctrl 을 누른 채 화살표를 누르면 됩니다.

 **2 초원 꾸미기**

**01** **'눈 덮인 산'** 블록을 드래그하여 초원 위쪽으로 이동시킨 후 크기 조정 핸들을 드래그하여 크기를 조금 더 크게 조정해요.

**02** **'산'** 블록을 드래그하여 이동시킨 후 Ctrl 을 누른 채 오른쪽 아래로 드래그하여 **3개** 복제해요.

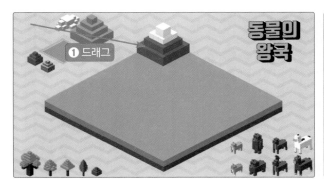 

💡 블록을 이동할 때 다른 블록에 가려서 보이지 않으면 블록이 선택된 상태에서 [그림 도구-서식] 탭-[정렬] 그룹-[앞으로 가져오기]-[맨 앞으로 가져오기]를 선택하세요.

**03** '연못', '바위', '구름' 블록들을 다음과 같이 초원 위에 배치시켜요.

**04** '연두색 나무' 블록들을 초원 왼쪽으로 드래그하여 배치시킨 후 '수풀' 블록을 사이사이에 배치시켜요.

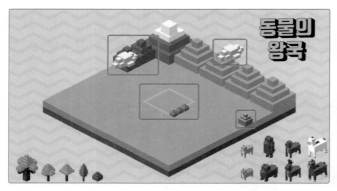 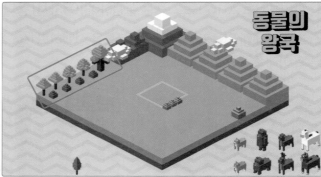

💡 이동하려는 블록에 미리 [맨 앞으로 가져오기]를 적용하면 작업하기가 편리합니다.

**05** '초록색 나무' 블록을 '눈 덮인 산' 블록 아래로 드래그해요.

**06** Ctrl 을 누른 채 드래그하여 **7개**를 복제한 후 마지막에 복제된 **'초록색 나무'** 블록을 **'초원'** 블록 끝으로 이동해요.

**07** '초록색 나무' 블록들을 모두 선택한 후 [그림 도구-서식] 탭-[정렬] 그룹-[맞춤]에서 [가로 간격을 동일하게] 와 [세로 간격을 동일하게]를 각각 클릭해요.

 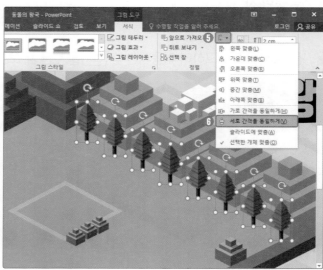

## ③ 동물 배치하기

**01** 말들이 물을 마실 수 있도록 '**말**' 블록들을 연못 오른쪽 위로 드래그하여 배치해요.

**02** 우두머리 '**황토색 늑대**' 블록을 드래그하여 이동시킨 후 '**회색 늑대**' 블록들을 이동시키고 복제해요.

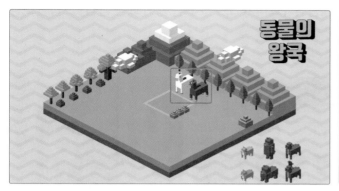

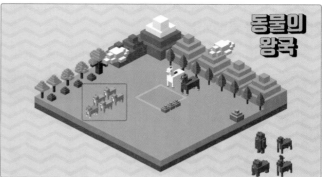

**03** '**사슴**' 블록들을 선택한 후 [그림 도구-서식] 탭-[정렬] 그룹-[회전]-[좌우 대칭]을 클릭해요.

**04** '**사슴**' 블록들을 드래그하여 배치해요.

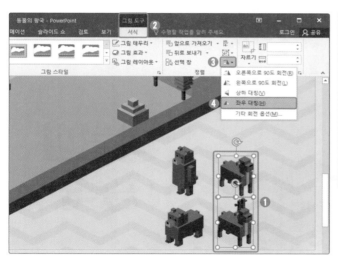

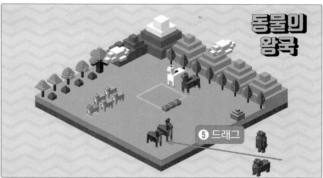

**05** 같은 방법으로 '**네 발 곰**' 블록을 좌우 대칭시킨 후 연못 왼쪽 위로 드래그하여 배치해요.

**06** '**두 발 곰**' 블록을 연못 한가운데로 머리 부분이 위치하도록 드래그하여 배치해요.

**01** 다각형을 그리기 위해 **[삽입] 탭-[일러스트레이션] 그룹-[도형]-[선]-[자유형(⌒)]**을 클릭하고 각 꼭짓점을 클릭하여 다음과 같이 그려요.

**02** 곰을 먼저 클릭하고 **Shift**를 누른 채 다각형을 클릭해 선택한 후 **[그리기 도구-서식] 탭-[도형 삽입] 그룹-[도형 병합]-[빼기]**를 클릭해요.

💡 곰을 중심으로 다각형과 겹치는 부분을 지우기 위해 [빼기]를 실행합니다.

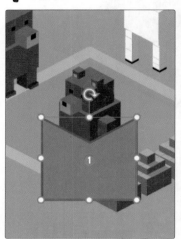

**03** 그림과 도형을 다루는 다양한 기능을 활용한 3D 동물의 왕국이 완성되었어요.

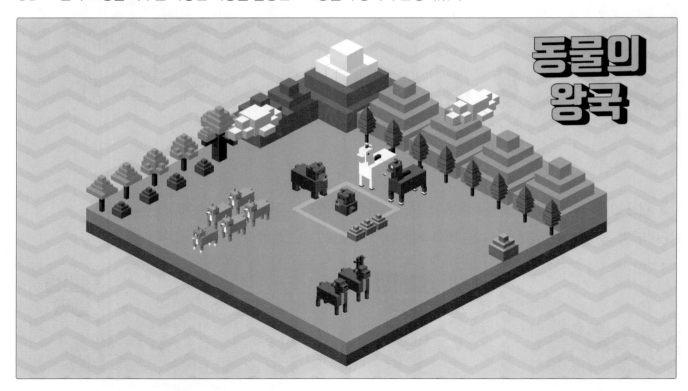

혼자서 뚝딱뚝딱

① 실습파일을 열어 [도형 병합]-[빼기] 기능으로 뿔을 만들어 배치시키고 빠진 도형들을 복제하여 만든 후 작성 조건에 따라 로보트태권V를 만들어 보세요.

· 실습파일 : 로보트태권V.pptx    · 완성파일 : 로보트태권V(완성).pptx

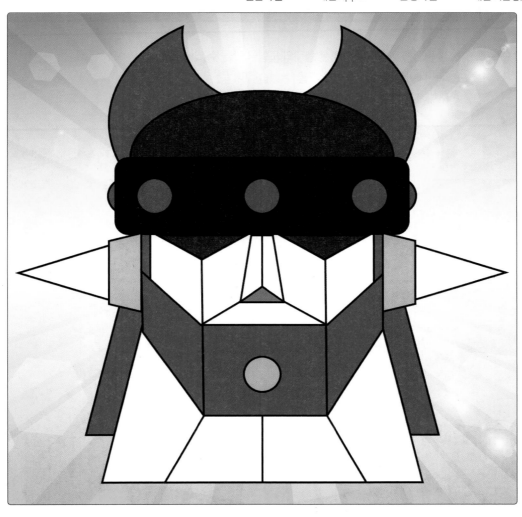

 작성 조건

| 로봇 뿔 | · 도형 윤곽선 : 색(검정, 텍스트 1), 두께(2¼pt)<br>· 마우스 오른쪽 버튼을 클릭하여 [맨 뒤로 보내기] 클릭 |
|---|---|
| 색 채우기 | · 머리, 눈 : '진한 파랑'<br>· 머리 밴드 : '검정, 텍스트 1'<br>· 뿔, 머리 밴드의 원, 턱 : '진한 빨강'<br>· 귀, 입 : '주황'<br>· 코 : '검정, 텍스트 1, 50% 더 밝게' |

💡 뿔 부분은 큰 타원과 작은 타원을 겹치게 하여 큰 타원에서 작은 타원을 빼면 됩니다.

# 04 맛있는 참깨빵 햄버거

지우는 유튜브에서 나오는 빅맥송 영상을 보다가 문득 노랫말처럼 파워포인트로 햄버거를 만들어 보면 재미있을 것 같았어요. 참깨빵 위에 순 쇠고기 패티 한 장, 치즈, 토마토, 양상추까지 추가해서 먹음직스러운 햄버거를 다함께 만들어 볼까요?

**학습목표**
» 점 편집을 이용하여 다양한 형태의 도형을 만들 수 있습니다.
» 그라데이션 효과로 도형을 채울 수 있습니다.
» 개체에 반사 효과를 설정할 수 있습니다.

· 실습파일 : 햄버거.pptx    · 완성파일 : 햄버거(완성).pptx

**미리보기**

# HAMBURGER

**도형을 위아래로 뒤집기** : [그리기 도구-서식] 탭-[정렬] 그룹-[회전]-[상하 대칭]

**점 편집** : [마우스 오른쪽 버튼 클릭]-[점 편집] 클릭 후 점 삭제 또는 점 위치 이동

**반사 효과 설정하기** : [그리기 도구-서식] 탭-[도형 스타일] 그룹-[도형 효과]-[반사]

 **1 빵 만들기**

**01** 파워포인트 2016 프로그램을 실행하여 [04차시] 폴더의 '**햄버거.pptx**' 파일을 연 후 빵을 만들기 위해 [**삽입**] **탭**-[**일러스트레이션**] **그룹**-[**도형**]-[**기본 도형**]-[**타원(◯)**]을 클릭하고 드래그해요.

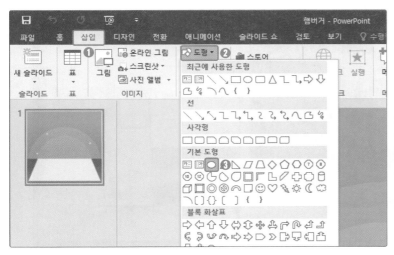
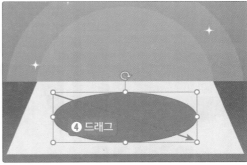

**02** 빵 한쪽을 편평하게 만들기 위해 원을 마우스 오른쪽 버튼으로 클릭하여 [**점 편집**]을 클릭해요. [Ctrl]을 누른 채 아래쪽 점을 클릭하여 점을 삭제하고 [Esc]를 눌러 점 편집을 종료해요.

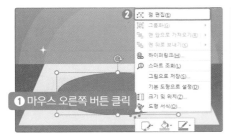
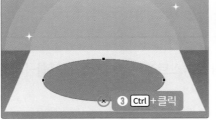

**03** 빵을 위아래로 뒤집기 위해 [**그리기 도구-서식**] **탭**-[**정렬**] **그룹**-[**회전**]-[**상하 대칭**]을 클릭한 후 드래그하여 위치를 조정해요.

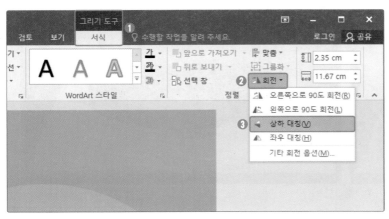

🔧 회전 핸들(◉)을 드래그하여 회전시켜도 됩니다.

## 04 [그리기 도구-서식] 탭-[도형 스타일] 그룹에서 도형 채우기, 도형 윤곽선, 도형 효과를 설정해요.

· ❸ 도형 채우기(주황) ❺ 그라데이션(어두운 그라데이션-선형 아래쪽) ❼ 도형 윤곽선(윤곽선 없음) ❿ 반사(근접 반사, 터치)

 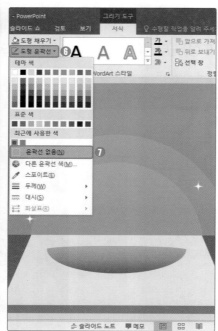 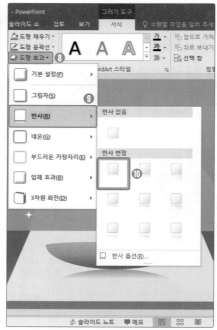

 **2 패티, 치즈, 토마토, 양상추 만들기**

## 01 고기 패티를 만들기 위해 [삽입] 탭-[일러스트레이션] 그룹-[도형]-[사각형]-[모서리가 둥근 직사각형(▢)]
을 클릭하고 드래그해요.

## 02 노란색 조절점을 안쪽으로 드래그하여 모서리를 둥글게 만들어요.

## 03 [그리기 도구-서식] 탭-[도형 스타일] 그룹에서 도형 채우기, 도형 윤곽선을 지정해요.

· 도형 채우기(주황, 강조 2, 50% 더 어둡게), 그라데이션(어두운 그라데이션-선형 위쪽), 도형 윤곽선(윤곽선 없음)

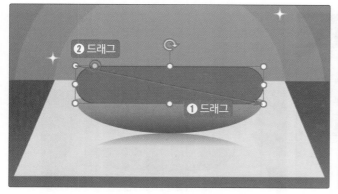 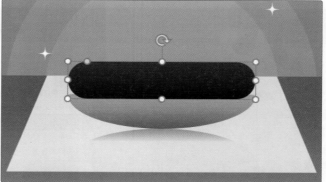

**04** 같은 방법으로 치즈, 토마토, 양상추를 순서대로 다음과 같이 만들어요.

| 구분 | 도형 | 채우기 색 | 그라데이션 | 도형 윤곽선 |
|------|------|-----------|------------|-------------|
| 치즈 | [기본 도형]-[다이아몬드] | 황금색, 강조 4, 60% 더 밝게 | 없음 | 없음 |
| 토마토 | [기본 도형]-[원통] | 진한 빨강 | 없음 | 없음 |
| 양상추 | [기본 도형]-[구름] | 연한 녹색 | 어두운 그라데이션<br>- 선형 아래쪽 | 없음 |

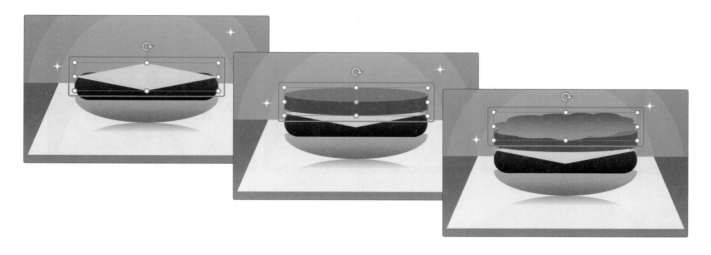

## ③ 참깨빵 만들기

**01** 아래쪽 빵을 Ctrl+Shift를 누른 채 위로 드래그하여 복제해요.

**02** 빵을 위아래로 뒤집기 위해 [그리기 도구-서식] 탭-[정렬] 그룹-[회전]-[상하 대칭]을 클릭한 후 크기 조정 핸들을 드래그하여 크기를 조정해요.

**03** [그리기 도구-서식] 탭-[도형 스타일] 그룹-[도형 효과]-[반사]-[반사 없음]을 클릭하여 반사 효과를 없애요.

**04** 참깨를 만들기 위해 **[삽입] 탭-[일러스트레이션] 그룹-[도형]-[기본 도형]-[타원(◯)]**을 클릭하고 (Shift)를 누른 채 드래그해요.

💡 타원을 그릴 때 (Shift)를 누른 채 드래그하면 높이와 너비가 같은 원이 그려집니다.

**05** 원을 마우스 오른쪽 버튼으로 클릭하여 **[점 편집]**을 클릭하고 위쪽 점을 위로 드래그한 후 (Esc)를 눌러요.

**06** **'황금색, 강조 4, 80% 더 밝게'**로 도형을 채우고 윤곽선을 없앤 후 회전 핸들(◔)을 드래그하여 회전시켜요.

**07** 크기 조정 핸들을 드래그하여 크기를 조정한 후 (Ctrl)을 누른 채 드래그하여 참깨를 10개 이상 복제해요.

  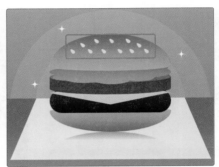

 **제목 만들기**

**01** **[삽입] 탭-[일러스트레이션] 그룹-[도형]-[별 및 현수막]-[위로 구부러진 리본(⚑)]**을 클릭하여 리본을 삽입한 후에 위쪽 노란색 조절점을 왼쪽으로 드래그하여 내용 입력란을 넓게 만들어요.

**02** **[그리기 도구-서식] 탭-[도형 스타일] 그룹**에서 도형 스타일을 설정해요.

· 도형 스타일(색 채우기 – 주황, 강조 2)

**03** 도형이 선택된 상태에서 **"HAMBURGER"**를 입력한 후 **[홈] 탭-[글꼴] 그룹**에서 글꼴과 글꼴 크기를 설정해요.

· 글꼴(Arial Black), 글꼴 크기(36pt), 글꼴 스타일(텍스트 그림자)

 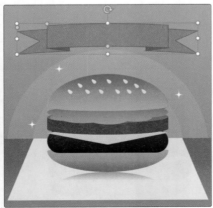 

혼자서 뚝딱뚝딱

**1** 실습파일을 열어 작성 조건에 따라 맛있는 피자를 만들어 보세요.

• 실습파일 : 피자.pptx　　• 완성파일 : 피자(완성).pptx

 작성 조건

| 재료 | 도형 | 도형 채우기/도형 스타일 | 도형 효과 |
|------|------|------------------------|-----------|
| 도우(빵) | [기본 도형]-[타원] | 황금색, 강조 4, 40% 더 밝게 | [입체 효과]-[둥글게] |
| 토마토 소스 | [기본 도형]-[타원] | 진한 빨강 | [부드러운 가장자리]-[2.5 포인트] |
| 치즈 | [별 및 현수막]<br>-[포인트가 32개인 별] | 미세 효과 – 황금색, 강조 4 | – |
| 올리브 | [기본 도형]-[도넛] | 강한 효과 – 검정, 어둡게 1 | – |
| 양파 | [기본 도형]-[막힌 원호] | 흰색, 배경 1 | [그림자]-[오프셋 가운데] |

• 도형 윤곽선은 모두 '윤곽선 없음'으로 설정해요.
• 페퍼로니는 기본 제공되므로 복사해서 사용해요.

# 05 귀여운 인공 지능 로봇

태윤이는 학교에서 인공 지능에 대해 배웠는데, 선생님께서 인공 지능은 우리의 삶을 편리하게 해 준다고 하셨어요. 그래서 내 말을 알아듣고 내가 시키는 대로 동작하면서 나를 행복하게 해줄 수 있는 귀여운 인공 지능 로봇이 갖고 싶어졌는데, 도형을 이용하여 만들어 볼까요?

**학습목표**
» 도형을 앞으로 가져오거나 뒤로 보낼 수 있습니다.
» 도형의 노란색 조절점을 조절하여 다양한 형태를 만들 수 있습니다.
» 도형을 원하는 방향으로 회전시킬 수 있습니다.

· 실습파일 : 로봇.pptx    · 완성파일 : 로봇(완성).pptx

▶ **도형 채우기 색 설정하기** : [그리기 도구-서식] 탭-[도형 스타일] 그룹-[도형 채우기]

▶ **도형 윤곽선 색/두께 설정하기** : [그리기 도구-서식] 탭-[도형 스타일] 그룹-[도형 윤곽선]

▶ **회전시키기** : [그리기 도구-서식] 탭-[정렬] 그룹-[회전]-[오른쪽으로 90도 회전]/[왼쪽으로 90도 회전]

**1 로봇 눈 만들기**

**01** 파워포인트 2016 프로그램을 실행하여 [05차시] 폴더의 **'로봇.pptx'** 파일을 열어요. 로봇의 얼굴 부분을 확대하기 위해 오른쪽 아래의 확대(➕) 버튼을 여러 번 클릭하여 200% 정도로 확대한 후 마우스 휠을 위로 드래그해요.

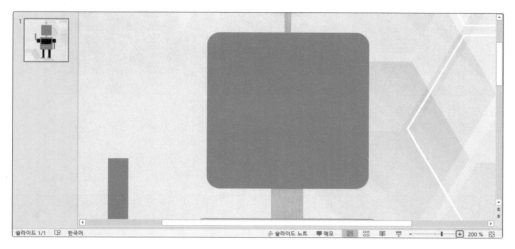

💡 Ctrl 을 누른 상태에서 마우스 휠을 이용하여 화면을 확대/축소할 수도 있습니다.

**02** 눈을 만들기 위해 **[삽입]** 탭-**[일러스트레이션]** 그룹-**[도형]**-**[기본 도형]**-**[타원(○)]**을 클릭하고 Shift 를 누른 채 드래그해요.

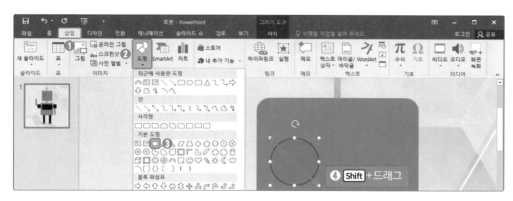

💡 타원을 그릴 때 Shift 를 누른 채 드래그하면 높이와 너비가 같은 원이 그려집니다.

**03** 눈의 색을 변경하기 위해 **[그리기 도구-서식]** 탭-**[도형 스타일]** 그룹-**[도형 채우기]**-**[주황]**을 클릭한 후 선을 없애기 위해 **[도형 윤곽선]**-**[윤곽선 없음]**을 클릭해요.

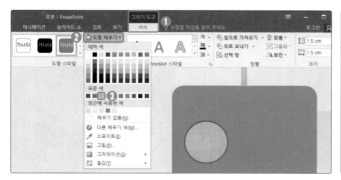 

**04** 같은 방법으로 눈동자와 눈망울을 만들고 드래그하여 모두 선택한 후 [Ctrl]+[Shift]를 누른 채 드래그하여 눈을 복제해요.

 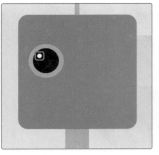 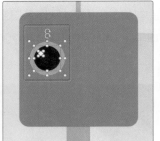 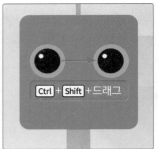

- 도형 채우기 : 진한 파랑
- 도형 윤곽선 : 윤곽선 없음

- 도형 채우기 : 흰색, 배경 1
- 도형 윤곽선 : 윤곽선 없음

 **2 로봇 귀 만들기**

**01** 귀를 만들기 위해 로봇의 눈 바깥쪽 부분을 클릭하여 선택하고 [Ctrl]을 누른 채 드래그하여 복제한 후 복제된 귀를 [Ctrl]+[Shift]를 누른 채 오른쪽으로 드래그하여 복제해요.

**02** [Ctrl]을 누른 채 두 귀를 클릭하여 선택하고 마우스 오른쪽 버튼을 클릭하여 **[맨 뒤로 보내기]**를 클릭해요.

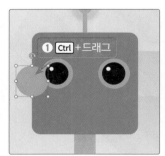 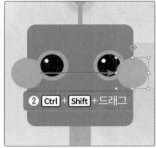  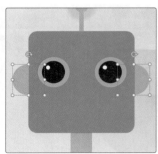

 **3 로봇 입 만들기**

**01** 입을 만들기 위해 **[삽입] 탭-[일러스트레이션] 그룹-[도형]-[기본 도형]-[막힌 원호(⌒)]**를 클릭하고 [Shift]를 누른 채 드래그해요.

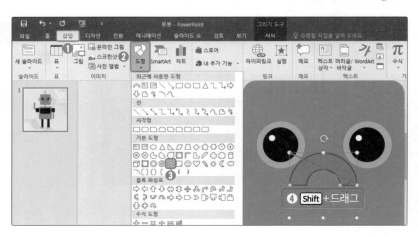

30

**02** 입을 위아래로 뒤집기 위해 **[그리기 도구-서식] 탭-[정렬] 그룹-[회전]-[상하 대칭]**을 클릭해요.

**03** 입을 가늘게 만들기 위해 오른쪽 노란색 조절점을 오른쪽으로 드래그한 후 입의 색을 변경하고 선을 없애요.

· 도형 채우기 : 진한 파랑        · 도형 윤곽선 : 윤곽선 없음

 **4 로봇 손 만들기**

**01** 왼손을 만들기 위해 **[삽입] 탭-[일러스트레이션] 그룹-[도형]-[기본 도형]-[막힌 원호(⌒)]**를 클릭하고 Shift 를 누른 채 드래그해요.

**02** 회전 조절점을 왼쪽으로 드래그하여 회전시키고 아래쪽 노란색 조절점을 오른쪽 위로 회전시켜서 모양을 변경한 후 손의 색을 변경하고 선을 없애요.

 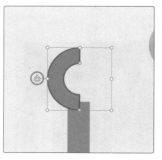 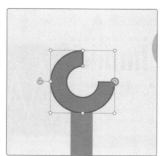 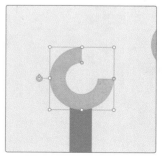

· 도형 채우기 : 주황
· 도형 윤곽선 : 윤곽선 없음

**03** 오른손을 만들기 위해 왼손을 Ctrl 을 누른 채 드래그하여 복제한 후 [그리기 도구-서식] 탭-[정렬] 그룹-[회전]-[왼쪽으로 90도 회전]을 두 번 실행해요.

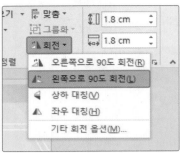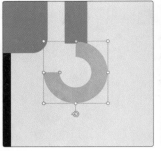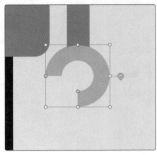

**5 주파수 만들기**

**01** 로봇의 가슴에 주파수를 표시하기 위해 [삽입] 탭-[일러스트레이션] 그룹-[도형]-[선]-[자유형(⟅)]을 다음과 같이 각 지점마다 클릭한 후 Esc 를 눌러요.

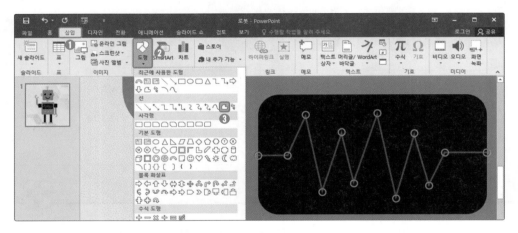

**02** 주파수의 색과 두께를 변경하기 위해 [그리기 도구-서식] 탭-[도형 스타일] 그룹-[도형 윤곽선]-[주황]을 클릭한 후 [두께]-[3pt]를 클릭해요.

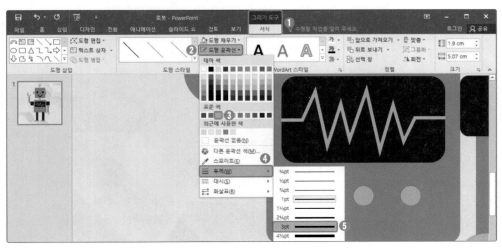

혼자서 뚝딱 뚝딱

**1** 실습파일을 열어 작성 조건에 따라 스마트폰의 앞면과 뒷면을 그려 최신 스마트폰을 만들어 보세요.

· 실습파일 : 스마트폰.pptx, 이미지 파일(화면, 로고)　　　· 완성파일 : 스마트폰(완성).pptx

 작성 조건

---

앞면　　**바깥쪽 도형**
　　　　· 도형 채우기(빨강(209), 녹색(205), 파랑(219))
　　　　· 도형 윤곽선 : 색(빨강(146), 녹색(136), 파랑(170)), 두께(1 ½ pt)
　　　　**안쪽 도형**
　　　　· 도형 채우기(검정, 텍스트 1)
　　　　· 도형 윤곽선(검정, 텍스트 1)
　　　　**액정**
　　　　· [도형 서식] 작업 창에서 [도형 옵션]-[채우기 및 선]-[채우기]-[그림 또는 질감 채우기]-[파일]-'화면.png'

---

뒷면　　**바깥쪽 도형**　　　　　　　　　　　　　　**플래시**
　　　　· 앞면 바깥쪽 도형 복사　　　　　　　　　· 도형 채우기(황금색, 강조 4, 80% 더 밝게)
　　　　**왼쪽 위 도형**　　　　　　　　　　　　　· 도형 윤곽선(윤곽선 없음)
　　　　· 바깥쪽 도형 복사 후 크기 조정　　　　　**마이크**
　　　　**카메라 렌즈**　　　　　　　　　　　　　· 도형 채우기(검정, 텍스트 1, 50% 더 밝게)
　　　　· 도형 채우기(검정, 텍스트 1)　　　　　　· 도형 윤곽선(윤곽선 없음)
　　　　· 도형 윤곽선 : 색(빨강(146), 녹색(136),　　**로고**
　　　　　　　　　　　　파랑(170)), 두께(3pt)　　　　· '로고.png' 삽입
　　　　**렌즈 중심**
　　　　· 도형 채우기(파랑)
　　　　· 도형 윤곽선(윤곽선 없음)

---

# 06 할로윈 파티 아이템

태윤이는 할로윈 파티에 참석하기 위해 변장할 소품이 필요해요. 그래서 어떤 걸 준비해야 할지 고민하다가 고스트 가면과 고스트 팔찌로 결정했어요. 일 년에 한 번 쓰는 소품인데 돈 주고 사기보다는 직접 만들려고 하는데 태윤이를 위해 같이 할로윈 소품을 만들어 볼까요?

**학습목표**
- » 도형을 삽입하여 다양한 그림을 그릴 수 있습니다.
- » 점 편집을 이용해 도형을 변형시킬 수 있습니다.
- » 도형의 색, 윤곽선 색, 도형 크기를 설정할 수 있습니다.

· 실습파일 : 신비 가면.pptx    · 완성파일 : 신비 가면(완성).pptx

미리보기

오늘배울기능

➡ **도형 크기** : [그리기 도구-서식] 탭-[크기] 그룹-[높이]/[너비]

➡ **도형 스타일** : [그리기 도구-서식] 탭-[도형 스타일] 그룹-[도형 채우기]/[도형 윤곽선]/[도형 효과]

➡ **점 편집하기** : 도형 선택-마우스 오른쪽 버튼 클릭-[점 편집] 또는 [그리기 도구-서식] 탭-[도형 삽입] 그룹-[도형 편집]-[점 편집]

## 1 얼굴 그리기

**01** 파워포인트 2016 프로그램을 실행하여 [06차시] 폴더의 '신비 가면.pptx' 파일을 열어요.

**02** 얼굴을 그리기 위해 **[삽입] 탭-[일러스트레이션] 그룹-[도형]-[기본 도형]-[타원(○)]**을 클릭하고 드래그한 후 **[그리기 도구-서식] 탭-[크기] 그룹**에서 크기를 지정하고 드래그하여 위치를 조정해요.

· ❷ 높이(17cm) 너비(20cm)

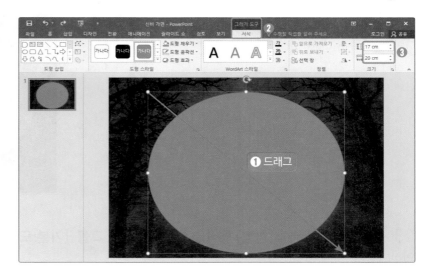

**03** **[그리기 도구-서식] 탭-[도형 스타일] 그룹**에서 도형 채우기, 도형 윤곽선을 설정해요.

· 도형 채우기(연한 녹색)
· 도형 윤곽선(윤곽선 없음)

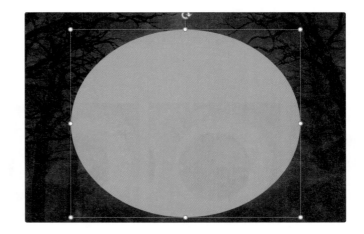

## 2 눈과 귀 그리기

**01** 눈을 그리기 위해 **[삽입] 탭-[일러스트레이션] 그룹-[도형]-[기본 도형]-[타원(○)]**을 클릭하고 드래그하여 흰자위와 검은자위를 그린 후 각각 Ctrl+Shift를 누른 채 드래그하여 복제해요.

· 흰자위 : 도형 채우기(흰색, 배경 1), 도형 윤곽선(윤곽선 없음), 크기(높이 7cm, 너비 7cm)
· 검은자위 : 도형 채우기(검정, 텍스트 1), 도형 윤곽선(윤곽선 없음), 크기(높이 5cm, 너비 5cm)

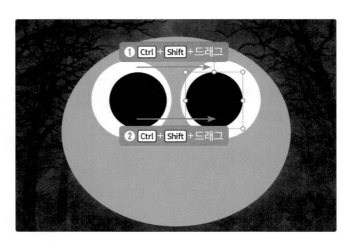

**02** 같은 방법으로 다음과 같이 귀를 그리고 Ctrl + Shift 를 누른 채 드래그하여 복제해요.

- 도형 채우기(연한 녹색), 도형 윤곽선(윤곽선 없음), 크기(높이 6cm, 너비 4cm)

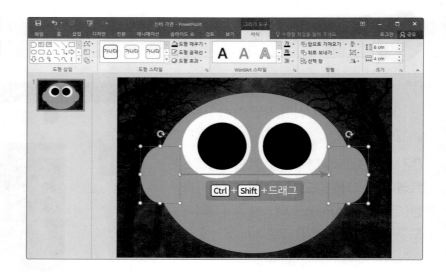

**03** 눈빛을 그리기 위해 **[삽입]** 탭-**[일러스트레이션]** 그룹-**[기본 도형]**-**[원형( )]**을 클릭하고 드래그하여 검은자위보다 조금 작게 만들어요.

**04** 오른쪽 노란색 조절점을 왼쪽으로 드래그한 후 위쪽 노란색 조절점을 왼쪽 아래로 드래그해요.

**05** 눈빛 도형의 도형 채우기와 도형 윤곽선을 설정한 후 Ctrl + Shift 를 누른 채 오른쪽으로 드래그하여 다음과 같이 만들어요.

- 도형 채우기(노랑), 도형 윤곽선(윤곽선 없음)

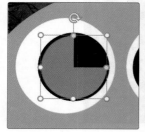 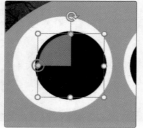 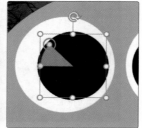 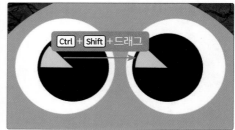

## ❸ 점 편집으로 뿔과 입 그리기

**01** **[삽입]** 탭-**[일러스트레이션]** 그룹-**[도형]**-**[기본 도형]**-**[이등변 삼각형(△)]**을 클릭하여 삼각형을 그린 후 도형 채우기와 도형 윤곽선, 크기를 설정해요.

- ❷ 도형 채우기(연한 녹색) ❸ 도형 윤곽선(윤곽선 없음) ❹ 크기(높이 2cm, 너비 2cm)

💡 이등변 삼각형을 Shift +드래그하면 정삼각형이 그려집니다.

**02** 삼각형을 마우스 오른쪽 버튼으로 클릭하여 **[점 편집]**을 클릭해요.

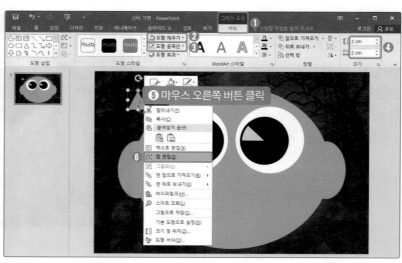

**03** 위쪽 검은색 점을 클릭하여 양쪽으로 나타나는 하얀색 조절 핸들을 드래그하면 움직이는 방향이나 길이에 따라 도형의 모양이 변경돼요. 삼각형의 점을 편집하여 뿔을 만들어요.

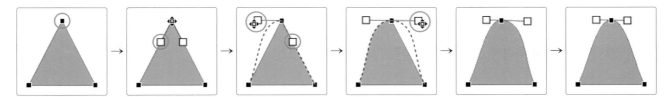

**04** 뿔을 드래그하여 위치를 이동시킨 후 Ctrl + Shift 를 누른 채 드래그하여 복제해요.

**05** [삽입] 탭-[일러스트레이션] 그룹-[도형]-[순서도]-[순서도: 지연(◻)]을 클릭하여 도형을 그리고 도형 채우기와 도형 윤곽선, 크기를 설정한 후 점을 편집하여 입을 만들어요.

· 도형 채우기(흰색, 배경 1, 50% 더 어둡게), 도형 윤곽선(윤곽선 없음), 크기(높이 2.5cm, 너비 3cm)

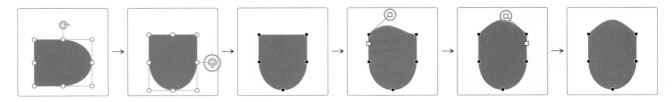

**06** 입을 드래그하여 위치를 이동시켜요.

## 4 곡선으로 코 그리기

**01** 코를 그리기 위해 [삽입] 탭-[일러스트레이션] 그룹-[도형]-[선]-[곡선(⌒)]을 클릭해요.

**02** 코의 형태를 생각하며 클릭 → 클릭 → 더블클릭하여 코를 완성해요.

**03** 도형 윤곽선의 색과 두께를 설정한 후 크기를 설정해요.

· ❸ 색(흰색, 배경 1, 50% 더 어둡게)  ❺ 두께(6pt)  ❻ 크기(높이 1.5cm, 너비 2cm)

**04** 얼굴, 눈, 귀, 뿔, 입, 코를 모두 만들어 신비 가면이 완성돼요.

**1** 실습파일을 열어 작성 조건에 따라 드라큘라 가면을 만들어 보세요.

· **실습파일** : 드라큘라 가면.pptx    · **완성파일** : 드라큘라 가면(완성).pptx

 **작성 조건**

| 드라큘라 가면 | · 슬라이드의 왼쪽에 있는 다이아몬드(귀)와 삼각형(코) 도형을 '점 편집' 기능을 이용하여 변형<br>· Ctrl+드래그하여 귀 복제 후 배치 |
| --- | --- |

**2** 실습파일을 열어 작성 조건에 따라 고스트 시계를 만들어 보세요.

· **실습파일** : 고스트 시계.pptx, 이미지 파일(배경1~6, 고스트1~6)    · **완성파일** : 고스트 시계(완성).pptx

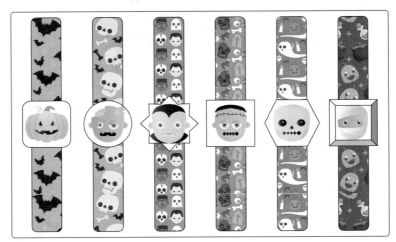

 **작성 조건**

| 고스트 시계 | · 그림 채우기 기능을 이용하여 시계 띠에 '배경1~6.png' 삽입<br>· [그림 서식] 작업 창에서 '그림을 질감으로 바둑판식 배열' 체크<br>· 그림 채우기 기능을 이용하여 시계 부분에 '고스트1~6.jpg' 삽입 |
| --- | --- |

# 07 회장 선거 포스터

지우는 새 학기 전교 학생회장 선거에 출마하기로 결심하고 자신을 홍보하기 위한 멋진 포스터를 만들기로 했어요. 깔끔하면서 눈에 잘 띄도록 기호와 공약을 넣어서 만들 계획이에요. 준비를 잘해서 좋은 결과가 나오길 기대해 볼까요?

**학습목표**
» 원하는 크기로 슬라이드의 크기를 변경할 수 있습니다.
» 텍스트에 네온 효과를 적용하여 화려하게 만들 수 있습니다.
» 그림을 잘라 불필요한 영역을 제거하여 원하는 부분만 보이게 할 수 있습니다.

• 실습파일 : 이미지 파일(사진)   • 완성파일 : 회장 선거 포스터.pptx

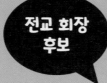

**슬라이드 크기 변경하기** : [디자인] 탭-[사용자 지정] 그룹-[슬라이드 크기]-[사용자 지정 슬라이드 크기]

**그림 자르기** : [그림 도구-서식] 탭-[크기] 그룹-[자르기]

**그림 스타일 적용하기** : [그림 도구-서식] 탭-[그림 스타일] 그룹-[그림 스타일]

**텍스트에 네온 효과 적용하기** : 마우스 오른쪽 버튼 클릭-[텍스트 효과 서식]-[네온]

## 1 슬라이드 크기 변경하기

**01** 파워포인트 2016 프로그램을 실행하여 [새 프레젠테이션]을 클릭해요.

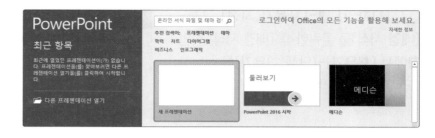

**02** 슬라이드 크기를 변경하기 위해 [디자인] 탭-[사용자 지정] 그룹-[슬라이드 크기]-[사용자 지정 슬라이드 크기]를 클릭해요.

**03** [슬라이드 크기] 대화상자에서 슬라이드 크기는 '**A3 용지**', 슬라이드 방향은 '**세로**'로 선택하고 [확인]을 클릭한 후 [콘텐츠 크기 조정] 대화상자에서 [**최대화**]를 클릭해요.

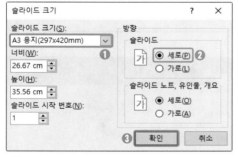

💡 'A3 용지'는 출력 또는 복사용지로 가장 널리 사용되는 'A4 용지'의 2배 크기입니다.

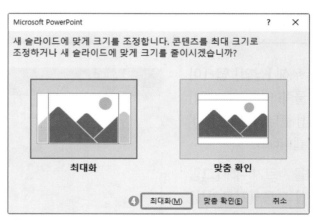

💡 아무런 콘텐츠가 없는 빈 슬라이드이기 때문에 [최대화], [맞춤 확인] 중에서 아무거나 클릭해도 됩니다.

**04** 슬라이드 크기가 변경되면 왼쪽의 축소판 그림 창을 마우스 오른쪽 버튼으로 클릭하여 [레이아웃]-[빈 화면]을 클릭해요.

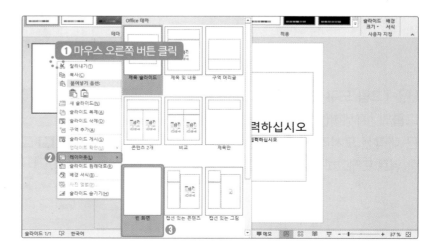

## ② 배경을 단색으로 채우기

**01** [디자인] 탭-[사용자 지정] 그룹-[배경 서식]을 클릭한 후 [배경 서식] 작업 창에서 **[채우기]-[단색 채우기]**를 선택하고 색의 채우기 색을 클릭하여 **'다른 색'**을 선택해요.

🔧 슬라이드의 빈 곳에서 마우스 오른쪽 버튼을 클릭하여 나타나는 바로 가기 메뉴에서 [배경 서식]을 클릭해도 됩니다.

**02** [색] 대화상자에서 **[사용자 지정] 탭**을 클릭하고 색을 설정한 후 [확인]을 클릭하고 작업 창의 [닫기] 버튼을 클릭해요.

· ❼ 빨강(255), 녹색(225), 파랑(0)

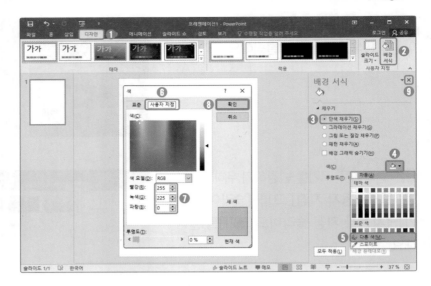

## ③ 사진 삽입하기

**01** 사진을 삽입하기 위해 **[삽입] 탭-[이미지] 그룹-[그림]**을 클릭하여 [그림 삽입] 대화상자에서 [07차시] 폴더의 **'사진.jpg'**를 선택한 후 [삽입]을 클릭해요.

**02** 그림의 좌우 영역을 자르기 위해 **[그림 도구-서식] 탭-[크기] 그룹-[자르기]**를 클릭하여 Ctrl을 누른 채 검은색 자르기 핸들을 안쪽으로 드래그한 후 Esc를 눌러요.

🔧 Ctrl을 누른 채 자르기 핸들을 드래그하면 맞은편 면까지 똑같이 자를 수 있습니다.

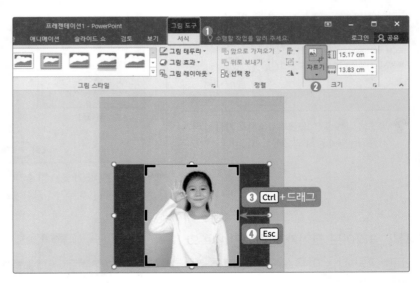

**03** **[그림 도구-서식] 탭-[그림 스타일]** 그룹의 [자세히(▼)] 버튼을 클릭하여 **'둥근 대각선 모서리, 흰색'**을 선택한 후 오른쪽 위로 드래그하여 위치를 이동해요.

**01** [삽입] 탭-[일러스트레이션] 그룹-[도형]-[설명선]-[타원형 설명선(💭)]을 클릭하고 포스터의 왼쪽 위에 드래그하여 그려요.

**02** 노란색 조절점을 오른쪽 아래로 드래그해요.

**03** [그리기 도구-서식] 탭-[도형 스타일] 그룹-[도형 채우기]-[다른 채우기 색]을 클릭하고 [색] 대화상자의 [사용자 지정] 탭에서 색을 설정한 후 [도형 윤곽선]-[윤곽선 없음]을 클릭해요.

· 빨강(65), 녹색(46), 파랑(52)

**04** 도형이 선택된 상태에서 **"전교 회장 후보"**를 입력한 후 [홈] 탭-[글꼴] 그룹에서 글꼴과 글꼴 크기를 설정해요.

· 글꼴(안동엄마까투리), 글꼴 크기(36pt)

**05** WordArt를 삽입하기 위해 [삽입] 탭-[텍스트] 그룹-[WordArt]-[A]를 클릭하여 **"3"**을 입력하고 테두리를 클릭한 후 [홈] 탭-[글꼴] 그룹에서 글꼴과 글꼴 크기를 설정해요.

· WordArt 스타일(채우기 – 검정, 텍스트 1, 윤곽선 – 배경 1, 진한 그림자 – 강조 1)
· 글꼴(안동엄마까투리), 글꼴 크기(250pt)

**06** [Ctrl]을 누른 채 WordArt 개체 틀을 아래로 드래그하여 복제한 후 텍스트를 **"서지우"**로 수정하고 [홈] 탭-[글꼴] 그룹에서 글꼴 크기를 설정해요.

· 글꼴 크기(200pt)

**07** [삽입] 탭-[텍스트] 그룹-[텍스트 상자]-[가로 텍스트 상자]를 클릭하여 **"기호"**와 **"번"**을 입력한 후 [홈] 탭-[글꼴] 그룹에서 글꼴과 글꼴 크기를 설정해요.

· 글꼴(안동엄마까투리), 글꼴 크기(32pt)

  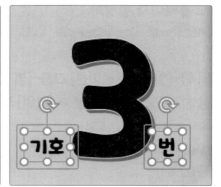

💡 "기호" 텍스트 상자의 글꼴과 글꼴 크기를 설정한 후 오른쪽으로 복제하여 텍스트만 "번"으로 수정하면 편리합니다.

**01** [삽입] 탭-[일러스트레이션] 그룹-[도형]-[선]-[곡선(⌒)]을 클릭하고 꺾어지는 부분마다 클릭하다가 처음 시작점을 클릭하면 도형이 삽입돼요.

**02** [그리기 도구-서식] 탭-[도형 스타일] 그룹에서 도형 채우기 색을 설정해요.

· 도형 채우기(흰색, 배경 1)

**03** [그리기 도구-서식] 탭-[도형 스타일] 그룹에서 도형 윤곽선의 색과 두께, 대시를 설정해요.

· 색(최근에 사용한 색에서 '밤색'), 두께(6pt), 대시(사각 점선)

**04** 도형에 다음과 같이 공약 내용을 입력한 후 [홈] 탭-[글꼴] 그룹에서 글꼴과 글꼴 크기, 글꼴 색을 설정해요.

· 글꼴(안동엄마까투리), 글꼴 크기(60pt), 글꼴 색(파랑/녹색/진한 빨강)

**05** 첫 번째 공약을 마우스로 드래그하고 오른쪽 버튼을 클릭하여 [텍스트 효과 서식]을 클릭한 후 네온 옵션을 설정해요.

· 색(연한 파랑), 크기(8pt), 투명도(60%)

**06** 같은 방법으로 2~3번째 공약을 드래그하여 네온 옵션을 설정해요.

· 2번째 공약 : 색(연한 녹색), 크기(8pt), 투명도(60%)

· 3번째 공약 : 색(주황, 강조 2), 크기(8pt), 투명도(60%)

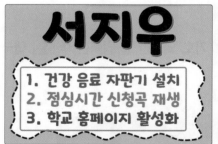  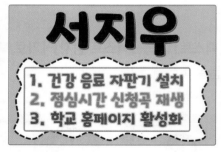

**07** [삽입] 탭-[일러스트레이션] 그룹-[별 및 현수막]-[포인트가 5개인 별(☆)]을 클릭하여 번호 위에 별 **3개**를 만들어서 회장 선거 포스터를 완성한 후 [파일] 탭-[저장]을 클릭하여 "**회장 선거 포스터.pptx**"로 파일을 저장해 보세요.

· 채우기 색(파랑/녹색/진한 빨강), 도형 윤곽선 : 색(검정, 텍스트 1), 두께(1pt)

혼자서 뚝딱뚝딱

**1** 실습파일을 열어 작성 조건에 따라 2번 슬라이드를 터널 배경으로 변경하고 헤드라이트에 네온 효과를 적용한 후 WordArt를 삽입하여 만들어 보세요.

· **실습파일** : 헤드라이트.pptx, 이미지 파일(터널)　　· **완성파일** : 헤드라이트(완성).pptx

 작성 조건

| 슬라이드 2 | · 축소판 그림 창에서 슬라이드 1을 복사(Ctrl+C)하여 붙여넣기(Ctrl+V) |
|---|---|
| 배경 | · [배경 서식]-[채우기]-[그림 또는 질감 채우기]-[파일]-'터널.jpg' |
| 헤드라이트 | · [삽입] 탭-[일러스트레이션] 그룹-[도형]-[선]-[자유형(⟲)]을 클릭하고 헤드라이트<br>　모양대로 각 꼭짓점을 클릭하면서 그림<br>· 도형 채우기(흰색, 배경 1), 도형 윤곽선(윤곽선 없음)<br>· 네온 : 색(흰색, 배경 1), 크기(150pt), 투명도(5%)<br>· 도형 복제 후 [그리기 도구-서식] 탭- [회전]-[좌우 대칭] |
| WordArt | · WordArt 스타일(채우기 – 흰색, 윤곽선 – 강조 1, 네온 – 강조 1)<br>· 글꼴(안동엄마까투리), 글꼴 크기(60pt), 글꼴 스타일(기울임꼴) |

# 08 생활 계획표로 좋은 습관 만들기

서연이는 새 학기 목표를 세워두고 달성하기 위해 엄마랑 약속을 했어요. 그렇지만 하루아침에 습관을 바꾸는 것은 쉬운 일이 아니죠. 꼼꼼하게 시간을 계획하고 실천하는 습관을 가져야 한다는 조언까지 들었으니, 목표 달성을 위해 생활 계획표를 같이 만들어 볼까요?

**학습목표**
» 선을 이용하여 시간을 구분할 수 있습니다.
» 텍스트 상자를 이용하여 해야 할 일을 입력할 수 있습니다.
» 그림과 도형을 활용하여 계획표를 꾸밀 수 있습니다

· 실습파일 : 생활계획표.pptx, 이미지 파일(가방, 공부, 눈코입, 방과후학교, 시계, 식사, 양치질, 잠자기, 줄넘기, 책, 책읽기)
· 완성파일 : 생활계획표(완성).pptx

 미리보기

### 하루생활계획표

책 읽기,
일기쓰기

잠자기

줄넘기, 씻기

저녁 식사,
자유시간

방과후학교,
학원가기

아침 식사,
씻기

학교생활

후회하지 않는
나의 삶을 위해서

책 읽기 1시간
줄넘기 30분
숙제/준비물 챙기기

 오늘 배울 기능

▶ **개체 그룹화 하기** : 마우스 오른쪽 버튼 클릭-[그룹화]-[그룹] 또는 [그림 도구-서식] 탭-[정렬] 그룹
　　　　　　　　　　　-[그룹화]-[그룹]

▶ **그리기 안내선 표시하기** : [보기] 탭-[표시] 그룹-[안내선] 체크

▶ **그림 다시 칠하기** : [그림 도구-서식] 탭-[조정] 그룹-[색]

# 1 생활 계획표 디자인하기

**01** 파워포인트 2016 프로그램을 실행하여 [08차시] 폴더의 **'생활계획표.pptx'** 파일을 열어요.

**02** 원을 그리기 위해 **[삽입] 탭-[일러스트레이션] 그룹-[도형]-[기본 도형]-[타원(◯)]**을 클릭하고 드래그한 후 다음과 같이 설정해요.

· ❸ 도형 채우기(RGB : 254, 235, 155) ❹ 도형 윤곽선(윤곽선 없음) ❺ 크기(높이 17cm, 너비 17cm)

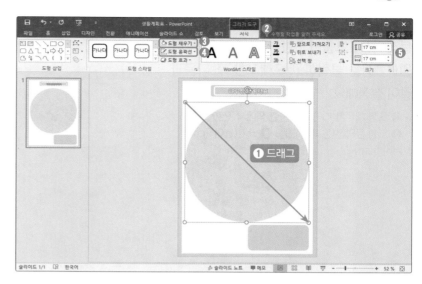

**03** **Ctrl**+**D**를 눌러 타원 도형을 복제한 후 다음과 같이 설정해요.

· ❸ 도형 채우기(흰색, 배경 1) ❹ 크기(높이 16cm, 너비 16cm)

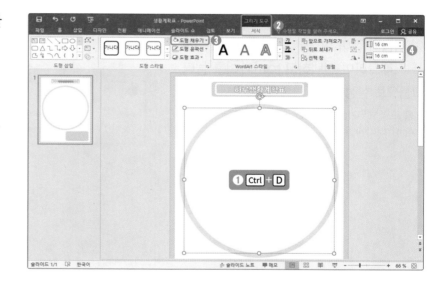

**04** **[삽입] 탭-[이미지] 그룹-[그림]**을 클릭하여 [08차시] 폴더의 **'시계.png'**를 삽입해요.

**05** 타원 도형 두 개와 시계 이미지를 드래그하여 선택한 후 마우스 오른쪽 버튼을 클릭하고 **[그룹화]-[그룹]**을 클릭하여 그룹으로 설정해요.

💡 [그림 도구-서식] 탭-[정렬] 그룹-[그룹화]-[그룹]을 클릭하거나 **Ctrl**+**G**를 눌러도 그룹으로 지정됩니다.

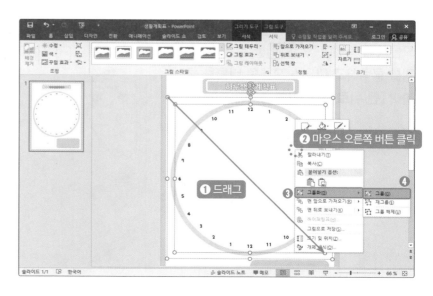

**01** 귀를 만들기 위해 **[삽입] 탭-[일러스트레이션] 그룹-[도형]-[기본 도형]-[타원(◯)]**을 클릭하고 드래그한 후 다음과 같이 설정해요.

- ❸ 도형 채우기(최근에 사용한 색에서 '연한 노랑')
  ❹ 도형 윤곽선(윤곽선 없음) ❺ 크기(높이 5cm, 너비 5cm)

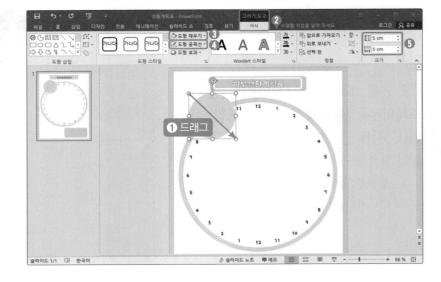

**02** **Ctrl**+**D**를 눌러 타원 도형을 복제하여 다음과 같이 설정한 후 타원 도형 두 개를 드래그하여 선택하고 **Ctrl**+**G**를 눌러 그룹으로 설정해요.

- ❸ 도형 채우기(RGB : 217, 150, 10) ❹ 크기(높이 4cm, 너비 4cm)

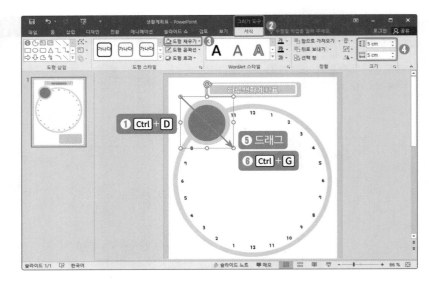

**03** 완성된 귀를 **Ctrl**+**Shift**+드래그하여 오른쪽에 복제한 후 **Shift**를 누른 채 왼쪽 귀를 클릭하고 마우스 오른쪽 버튼을 클릭하여 **[맨 뒤로 보내기]**를 클릭해요.

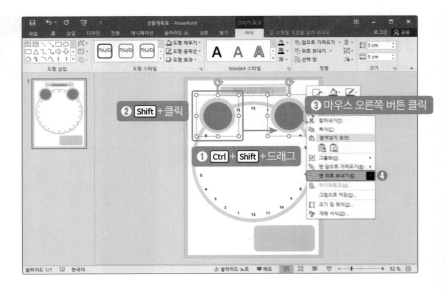

**01** 개체의 위치를 맞출 수 있는 그리기 안내선을 표시하기 위해 **[보기] 탭-[표시] 그룹-[안내선]**을 체크한 후 가로 안내선을 드래그하여 시계의 중심부에 맞춰요.

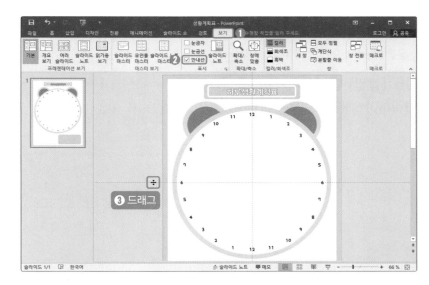

**02** **[삽입] 탭-[일러스트레이션] 그룹-[도형]-[선]-[선(\)]**을 클릭하고 중심점에서 원하는 시간까지 드래그하여 삽입한 후 다음과 같이 설정해요.

· 도형 윤곽선(최근에 사용한 색에서 '황금색')

**03** 선이 선택된 상태에서 **Ctrl**+**D**를 **6번** 눌러 복제한 후 시간에 맞게 조절해요.

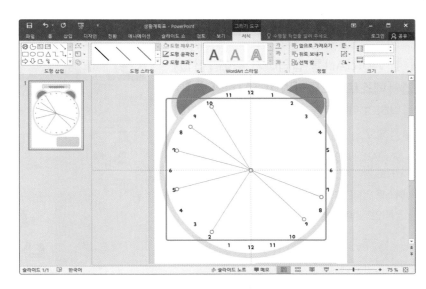

**04** **[삽입] 탭-[이미지] 그룹-[그림]**을 클릭하여 **'눈코입.png'**를 삽입한 후 **[그림 도구-서식] 탭-[조정] 그룹-[색]-[희미하게]**를 클릭해요.

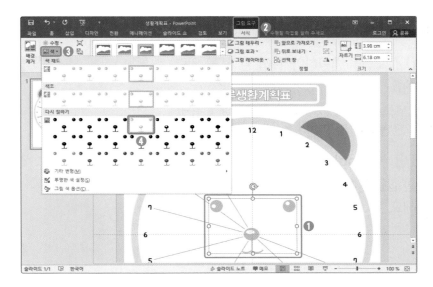

**05** [삽입] 탭-[텍스트] 그룹-[텍스트 상자]-[가로 텍스트 상자]를 클릭하여 7가지 '해야 할 일'을 입력한 후 글꼴과 글꼴 크기를 설정해요.

· 글꼴(안동엄마까투리), 글꼴 크기(18pt)

**06** [삽입] 탭-[이미지] 그룹-[그림]을 클릭하여 6개의 그림들을 삽입해요.

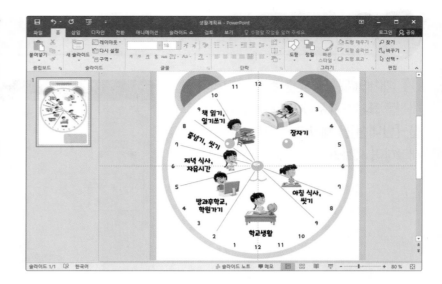

##  **4 다짐과 목표 입력하기**

**01** WordArt를 삽입하기 위해 [삽입] 탭-[텍스트] 그룹-[WordArt]-[A]를 클릭하여 텍스트를 입력한 후 다음과 같이 설정해요.

· WordArt 스타일(채우기 – 빨강, 강조 2, 윤곽선 – 강조 2)
· 텍스트 입력("후회하지 않는 나의 삶을 위해서")
· 글꼴(안동엄마까투리), 글꼴 크기(36pt)

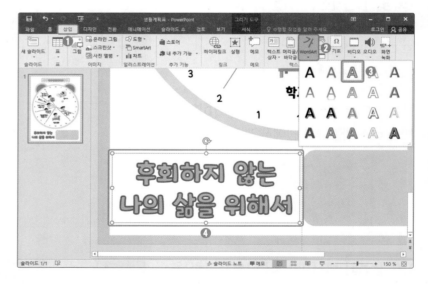

**02** 도형을 클릭하여 '해야 할 일'을 입력해요.

· 텍스트 입력("책 읽기 1시간", "줄넘기 30분", "숙제/준비물 챙기기")

**03** '책.png', '줄넘기.png', '가방.png'을 삽입한 후 크기와 위치를 조정하여 완성해요.

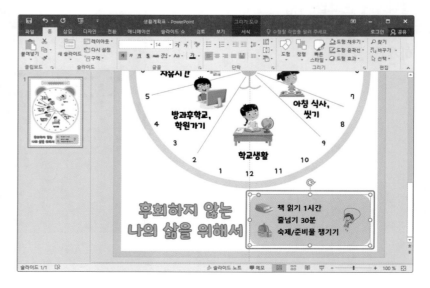

혼자서 뚝딱뚝딱

**1** 실습파일을 열어 작성 조건에 따라 여름방학 생활 계획표를 만들어 보세요.

· **실습파일** : 여름방학생활계획표.pptx, 이미지 파일(여름배경, 공부1, 놀기, 미술, 비치볼, 샤워, 시계1, 식사1, 운동, 잠자기1, 주스, 책읽기)
· **완성파일** : 여름방학생활계획표(완성).pptx

🧭 작성 조건

| 배경 | · [배경 서식] – [그림 채우기] – '여름배경.jpg' 그림 삽입 |
|---|---|
| 계획표 | · 원을 복제한 후 '흰색, 배경 1'로 색 채우기<br>· '시계1.png' 그림 삽입<br>· 선을 이용해 시간을 분할한 후 그림을 넣어 꾸미기 |
| 사각형 | · '모서리가 둥근 직사각형'에 투명도 '20%' 설정 |

# 09 내가 만드는 안전한 생활 웹툰

서연이는 안전하게 생활하기 위한 '안전 생활 가이드'를 주제로 글을 쓰고 있어요. 글로만 쓰다 보니 이해하기 어렵고 친구들이 지루해 할 것 같아서 만화를 그려보려고 해요. 재미있고 유익한 '물놀이 안전 웹툰'이 어떻게 만들어질지 벌써부터 기대되네요.

**학습목표**
» 도형을 그림으로 채울 수 있습니다.
» 웹툰 배경을 그라데이션으로 채울 수 있습니다.
» 말풍선을 이용하여 대사를 입력할 수 있습니다.

· 실습파일 : 물놀이 안전.pptx, 이미지 파일(01, 02, 04, 05, 06, 07, 히어로1~3, 꼬마히어로, 사고, 말풍선, 아이, 구명조끼)
· 완성파일 : 물놀이 안전(완성).pptx

미리보기

오늘 배울 기능

➤ **도형을 그림으로 채우기** : [도형 서식]-[도형 옵션]-[채우기 및 선]-[채우기]-[그림 또는 질감 채우기]-[파일]

➤ **그라데이션으로 채우기** : [도형 서식]-[도형 옵션]-[채우기 및 선]-[채우기]-[그라데이션 채우기]

➤ **그림 좌우 대칭시키기** : [그리기 도구-서식] 탭-[정렬] 그룹-[회전]-[좌우 대칭]

## 1 웹툰 배경을 그림으로 채우기

**01** 파워포인트 2016 프로그램을 실행하여 [09차시] 폴더의 '**물놀이 안전.pptx**' 파일을 열어요.

**02** 도형을 그림으로 채우기 위해 '**장면 1**'(첫 번째 도형)을 마우스 오른쪽 버튼으로 클릭하여 [**도형 서식**]을 클릭한 후 [도형 서식] 작업 창에서 [**도형 옵션**]-[**채우기 및 선**]-[**채우기**]-[**그림 또는 질감 채우기**]-[**파일**]을 클릭해요.

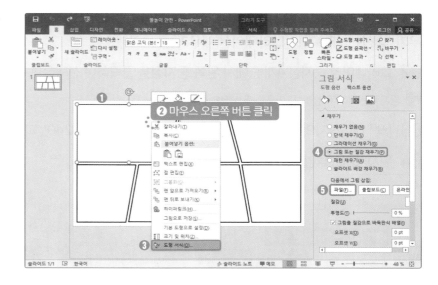

**03** [그림 삽입] 대화상자에서 [09차시] 폴더의 '**01.jpg**' 파일을 선택한 후 [삽입]을 클릭해요.

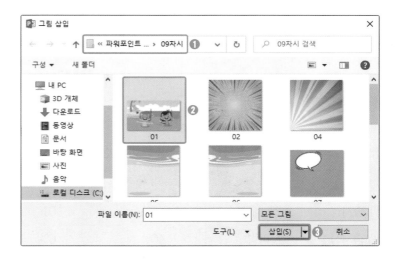

**04** 같은 방법으로 '**장면 2, 4, 5, 6, 7**'을 '**02.jpg**', '**04.jpg**', '**05.jpg**', '**06.jpg**', '**07.jpg**' 그림 파일로 채워요.

**01** '**장면 3**'을 마우스 오른쪽 버튼으로 클릭하여 **[도형 서식]**을 클릭한 후 [도형 서식] 작업 창에서 **[도형 옵션]**–**[채우기 및 선]**–**[채우기]**–**[그라데이션 채우기]**를 클릭해요.

**02** 그라데이션 중지점 4개 중에서 **왼쪽 중지점**을 클릭하여 선택하고 색을 클릭하여 '**다른 색**'을 선택해요.

💡 중지점은 그라데이션에서 이웃한 두 색상의 혼합이 끝나는 지점입니다.

**03** [색] 대화상자의 **[사용자 지정]** 탭에서 빨강 '**175**', 녹색 '**240**', 파랑 '**240**'으로 설정하고 [확인]을 클릭해요.

**04** 위치 '**0%**', 투명도 '**0%**', 밝기 '**0%**'로 설정해요.

💡 위치 값 '0%'은 가장 왼쪽을 의미하고, '100%'는 가장 오른쪽을 의미합니다.

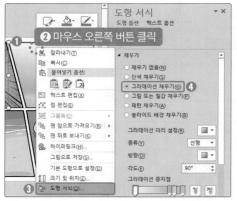
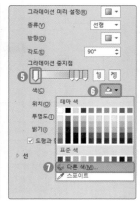

**05** 같은 방법으로 **2~4번째 중지점**을 다음과 같이 설정해요.

| 구분 | 색 | 위치 | 투명도 | 밝기 |
|------|------|------|--------|------|
| 2번째 중지점 | 흰색, 배경 1 | 35% | 0% | 0% |
| 3번째 중지점 | 파랑 | 40% | 0% | 0% |
| 4번째 중지점 | 연한 파랑 | 100% | 30% | 0% |

**06** 그라데이션으로 하늘색, 수평선, 먼 바다, 가까운 바다가 표현돼요.

**01** '**장면 3**'에 캐릭터를 삽입하기 위해 **[삽입] 탭-[이미지] 그룹-[그림]**을 클릭하여 [그림 삽입] 대화상자에서 '**사고.png**'를 선택하고 [삽입]을 클릭한 후 위치를 조정해요.

**02** '**장면 4**'에 '**히어로1.png**'를 삽입하고 크기와 위치를 조정한 후 그림을 좌우 대칭시키기 위해 **[그리기 도구-서식] 탭-[정렬] 그룹-[회전]-[좌우 대칭]**을 클릭해요.

**03** '**장면 5**'에 '**히어로2.png**'와 '**아이.png**'를 삽입한 후 크기와 위치를 조정해요.

**04** '**장면 6**'에 '**히어로3.png**'을 삽입한 후 크기와 위치를 조정해요.

**05** '**장면 6**'의 히어로에게 구명조끼를 입히기 위해 '**구명조끼.png**'를 삽입한 후 크기와 위치를 조정해요.

**06** '**장면 7**'에 '**꼬마히어로.png**'를 삽입하고 크기와 위치를 조정한 후 그림을 좌우 대칭시켜요.

**01** **'장면 1'**에 텍스트를 입력하기 위해 **[삽입] 탭-[텍스트] 그룹-[텍스트 상자]-[가로 텍스트 상자]**를 클릭한 후 다음과 같이 텍스트를 입력해요.

모든 장면의 텍스트는 글꼴(경기천년체목 Medium), 글꼴 크기(24pt)로 설정하세요.

**02** **'장면 2'**를 선택하고 다음과 같이 텍스트를 입력해요.

'장면 2'를 선택하고 곧바로 텍스트를 입력하고, 맨 뒤에 Enter 를 한 번 눌러 주세요.

**03** **'장면 3'**에 **[삽입] 탭-[일러스트레이션] 그룹-[도형]-[별 및 현수막]-[폭발 1(💥)]**을 클릭하여 말풍선을 삽입하고 다음과 같이 텍스트를 입력한 후 회전 핸들(🔄)을 드래그하여 회전시켜요.

• 도형 채우기(흰색, 배경 1), 도형 윤곽선-색(검정, 텍스트 1), 도형 윤곽선-두께(3pt)

**04** **'장면 4'**에 **'말풍선.png'**를 삽입한 후 **[텍스트 상자]**를 삽입하여 텍스트를 입력해요.

**05** **'장면 5'**에 **[삽입] 탭-[일러스트레이션] 그룹-[도형]-[설명선]-[모서리가 둥근 사각형 설명선(💬)]**을 클릭하여 삽입하고 노란색 조절점을 드래그한 후 다음과 같이 텍스트를 입력해요.

• 도형 채우기(흰색, 배경 1), 도형 윤곽선-색(검정, 텍스트 1), 도형 윤곽선-두께(3pt)

**06** **'장면 5'**의 말풍선을 Ctrl + Shift 를 누른 채 드래그하여 복제하고 크기와 위치를 조정한 후 노란색 조절점을 드래그하여 다음과 같이 텍스트를 입력해요.

• 도형 채우기(진한 빨강), 글꼴 색(흰색, 배경 1)

**07** **'장면 7'**에 **[삽입] 탭-[텍스트] 그룹-[텍스트 상자]-[가로 텍스트 상자]**를 클릭하여 다음과 같이 텍스트를 입력해요.

# 혼자서 뚝딱뚝딱

**1** 실습파일을 열어 작성 조건에 따라 교실안전 웹툰을 만들어 보세요.

- **실습파일** : 교실안전.pptx, 이미지 파일(배경, 사고2, 책상, 치료1~2, 히어로4~5)　　- **완성파일** : 교실안전(완성).pptx

 **작성 조건**

| 장면 2 | • 배경 : '배경.png'로 채우기 |
|---|---|
| 장면 3 | • 그림 삽입 : '사고2.png', '책상.png'<br>• 말풍선<br>　– 도형 : [삽입] 탭–[일러스트레이션] 그룹–[도형]–[설명선]–[타원형 설명선]<br>　– 도형 채우기 : 진한 빨강<br>　– 도형 윤곽선 : 윤곽선 없음<br>• 글꼴<br>　– 글꼴 : 경기천년제목 Medium<br>　– 글꼴 크기 : 16pt<br>　– 글꼴 색 : 흰색, 배경 1 |
| 장면 4 | • 그림 삽입 : '치료1.png', '치료2.png'<br>• 말풍선<br>　– 도형 : [삽입] 탭–[일러스트레이션] 그룹–[도형]–[설명선]–[모서리가 둥근 사각형 설명선]<br>　– 도형 채우기 : 흰색, 배경 1<br>　– 도형 윤곽선 : 파랑<br>• 글꼴<br>　– 글꼴 : 경기천년제목 Medium<br>　– 글꼴 크기 : 16pt<br>　– 글꼴 색 : 검정, 텍스트 1 |
| 장면 5 | • 그림 삽입 : '히어로4.png', '히어로5.png'<br>• <선서>에 지킬 수 있는 약속 입력하기 |

# 10 어버이날 기념 효도 쿠폰 북

서연이는 부모님께 감사의 마음을 전할 방법을 고민하다가 효도 쿠폰 북을 만들어 드리기로 했어요. 우리 친구들은 어떤 쿠폰을 만들어서 선물로 드리고 싶은가요? 여러분의 능력으로 할 수 있는 일이 무엇인지 생각해보고 효도 쿠폰 북을 만들어 볼까요?

**학습목표**
» WordArt를 이용해 제목을 입력할 수 있습니다.
» 도형을 그림으로 채우기 기능으로 사진의 모양을 변경할 수 있습니다.
» 개체를 수평 또는 수직으로 복제할 수 있습니다.

· 실습파일 : 쿠폰북.pptx, 이미지 파일(가족, 내사진, 노래, 사랑, 소원램프1~2, 책읽기, 청소)   · 완성파일 : 쿠폰북(완성).pptx

**미리보기**

**오늘 배울 기능**

➜ **WordArt 삽입** : [삽입] 탭-[텍스트] 그룹-[WordArt]-[WordArt 스타일]

➜ **그림 삽입** : [삽입] 탭-[이미지] 그룹-[그림]

➜ **도형을 그림으로 채우기** : [도형 서식]-[도형 옵션]-[채우기 및 선]-[채우기]-[그림 또는 질감 채우기]-[파일]

# 1 쿠폰북 표지 만들기

**01** 파워포인트 2016 프로그램을 실행하여 [10차시] 폴더의 '**쿠폰북.pptx**' 파일을 열어요.

**02** 쿠폰북 표지에 제목을 삽입하기 위해 **[삽입] 탭-[텍스트] 그룹-[WordArt]-[A]**를 클릭하여 텍스트를 입력하고 다음과 같이 설정해요.

· WordArt 스타일(채우기 – 파랑, 강조 1, 윤곽선 – 배경 1, 진한 그림자 – 강조 1)

· 텍스트 입력("맡겨만 주세요"), 텍스트 채우기(진한 파랑), 텍스트 효과(변환–중지), 글꼴(HY엽서M)

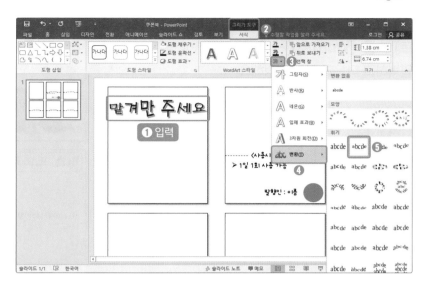

**03** 같은 방법으로 [A]를 클릭하여 텍스트를 입력하고 다음과 같이 설정해요.

· WordArt 스타일(채우기 – 흰색, 윤곽선 – 강조 2, 진한 그림자 – 강조 2)

· 텍스트 입력("행복 가득 쿠폰북"), 글꼴(HY엽서M), 글꼴 크기(20pt)

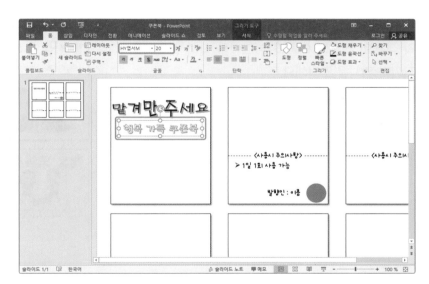

**04** **[삽입] 탭-[이미지] 그룹-[그림]**을 클릭하여 [10차시] 폴더의 '**가족.jpg**'를 삽입하고 크기와 위치를 조정해요.

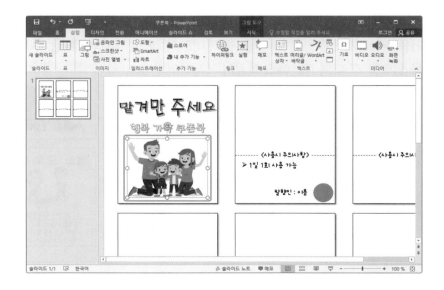

**01** 쿠폰 제목을 삽입하기 위해 **[삽입] 탭-[텍스트] 그룹-[WordArt]-[A]**를 클릭하여 텍스트를 입력하고 다음과 같이 설정해요.

- 공통 : WordArt 스타일(채우기 – 검정, 텍스트 1, 윤곽선 – 배경 1, 진한 그림자 – 배경 1), 글꼴(HY엽서M), 글꼴 크기(28pt)
- "책 읽어주기" : 텍스트 채우기(자주)
- "노래 불러주기" : 텍스트 채우기(파랑)
- "청소 도와주기" : 텍스트 채우기(녹색)
- "사랑의 메시지" : 텍스트 채우기(진한 빨강)
- "소원 성취" : 텍스트 채우기(주황, 강조 2)

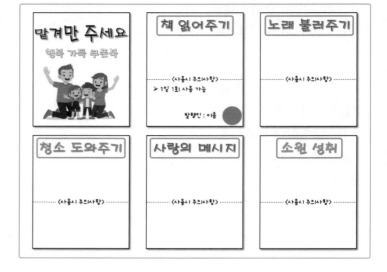

**02** **[삽입] 탭-[이미지] 그룹-[그림]**을 클릭하여 각 쿠폰의 제목에 어울리는 그림을 찾아 삽입하고 크기와 위치를 조정해요.

- 책읽기.jpg, 노래.png, 청소.jpg, 사랑.jpg, 소원램프1.png, 소원램프2.png

**03** 첫 번째 쿠폰에 입력된 첫 번째 '1일 1회 사용 가능' 뒤에 커서를 놓고 [Enter]를 눌러 나머지 내용을 입력한 후 다른 쿠폰에도 똑같이 복제하여 완성해요.

[Ctrl]+[Shift]+드래그하면 수평 또는 수직으로 복제됩니다.

**01** 발행인에 입력된 **"이름"** 텍스트를 지우고 여러분의 이름을 입력해요.

**02** 타원 도형을 마우스 오른쪽 버튼으로 클릭하여 **[도형 서식]**을 클릭한 후 **[도형 서식]** 작업 창에서 **[도형 옵션]-[채우기 및 선]-[채우기]-[그림 또는 질감 채우기]**를 선택하고 **[파일]**을 클릭하여 **'내사진.jpg'**를 삽입해요.

🔆 [그림 또는 질감 채우기]를 선택하면 [도형 서식] 작업 창이 [그림 서식] 작업 창으로 바뀌어요.

**03** 발행인 텍스트와 발행인 사진을 선택하고 [Ctrl]+드래그하여 다른 쿠폰에 복제하여 완성해요.

# 혼자서 뚝딱뚝딱

**1** 실습파일을 열어 작성 조건에 따라 귀여운 효도 쿠폰을 만들어 보세요.

· 실습파일 : 효도 쿠폰.pptx, 이미지 파일(효도1~효도6)　　· 완성파일 : 효도 쿠폰(완성).pptx

 **작성 조건**

| 쿠폰 배경 | · 도형 : [사각형]-[직사각형]<br>· 도형 채우기 : '파랑, 강조 1', '파랑, 강조 5', '주황, 강조 2', '황금색, 강조 4', '녹색, 강조 6', '자주'<br>· 도형 윤곽선 : 윤곽선 없음 |
|---|---|
| 쿠폰 안쪽 | · 도형 : [선]-[곡선]<br>· 도형 채우기 : 흰색, 배경 1<br>· 도형 윤곽선 : 윤곽선 없음 |
| 그림 | · '효도1.png'~'효도6.png' 그림 삽입 |
| 쿠폰 제목 | · WordArt 스타일 : 채우기 – 검정, 텍스트 1, 그림자<br>· 글꼴 : 경기천년제목 Bold<br>· 글꼴 크기 : 24pt |
| 쿠폰 내용 | · 글꼴 : 경기천년제목 Medium<br>· 글꼴 크기 : 14pt<br>· 글꼴 스타일 : 밑줄 |
| 사용 후 사인 | · 글꼴 : 경기천년제목 Light<br>· 글꼴 크기 : 14pt |
| 하트 | · 도형 : [기본 도형]-[하트]<br>· 도형 채우기 : 채우기 없음<br>· 도형 윤곽선 : 진한 빨강 |

# 11 내 손으로 공책 만들기

서연이는 공책을 사기 위해 문구점에서 공책들을 봤는데 마음에 드는 게 없었습니다. 그래서 어떻게 하면 좋을까 고민하다가 공책을 직접 만들기로 했어요. 좋아하는 캐릭터를 넣고 예쁘게 디자인하여 만들어 보려고 하는데 함께 예쁜 공책을 만들어 볼까요?

**학습목표**
» 그림을 잘라 불필요한 영역을 제거하여 원하는 부분만 보이게 할 수 있습니다.
» 표를 이용하여 속지를 만들 수 있습니다.
» 도형과 그림을 이용하여 메모와 뒷표지를 만들 수 있습니다.

· 실습파일 : 줄공책.pptx, 이미지 파일(고양이1~8, 고양이기차, 연필, 창문, 하트) · 완성파일 : 줄공책(완성).pptx

미리보기

오늘 배울 기능

➡ **가로 간격 동일하게** : [그리기 도구-서식] 탭-[정렬] 그룹-[맞춤]-[가로 간격을 동일하게]

➡ **그림 자르기** : [그림 도구-서식] 탭-[크기] 그룹-[자르기]

➡ **표 삽입하기** : [삽입] 탭-[표] 그룹-[표]-[표 삽입]

**01** 파워포인트 2016 프로그램을 실행하여 [11차시] 폴더의 '**줄공책.pptx**' 파일을 열고 **1번 슬라이드**를 선택해요.

**02** 직사각형을 선택하고 Ctrl+Shift를 누른 채 오른쪽으로 드래그하여 **9개**를 복제해요.

💡 직사각형을 10개 만들고 마지막 직사각형은 슬라이드 끝에 위치시킵니다.

**03** 직사각형을 모두 선택하고 [**그리기 도구-서식**] **탭**-[**정렬**] **그룹**-[**맞춤**]-[**가로 간격을 동일하게**]를 클릭해요.

💡 Ctrl+A를 누르면 모든 개체가 선택됩니다.

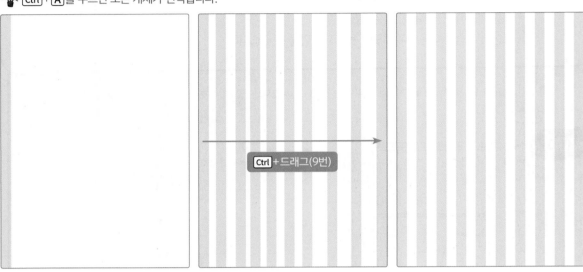

**04** 유리창 모양을 만들기 위해 '**직사각형(▢)**' 도형을 드래그하여 추가하고 [**그리기 도구-서식**] **탭**-[**크기**] **그룹**에서 높이와 너비를 설정한 후 드래그하여 위치를 조정해요.

· 높이(15cm), 너비(12cm)

**05** [**그리기 도구-서식**] **탭**-[**도형 스타일**] **그룹**에서 도형 채우기, 도형 윤곽선을 설정해요.

· 도형 채우기(RGB : 222, 235, 254), 도형 윤곽선(윤곽선 없음)

**06** 고양이 그림을 삽입하기 위해 [**삽입**] **탭**-[**이미지**] **그룹**-[**그림**]을 클릭하여 '**고양이1.png**'를 삽입하고 크기와 위치를 조정해요. [**그림 도구-서식**] **탭**-[**크기**] **그룹**-[**자르기**]를 클릭하고 검은색 자르기 핸들을 드래그하여 왼쪽 아랫부분을 자른 후 Esc를 눌러요.

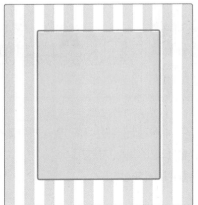

**07** '**창문.png**'를 삽입하고 크기와 위치를 조정해요.

**08** [삽입] 탭-[텍스트] 그룹-[텍스트 상자]-[가로 텍스트 상자]를 클릭하여 "L O V E"를 입력해요.

**09** [홈] 탭-[글꼴] 그룹에서 글꼴과 글꼴 크기, 글꼴 색을 설정해요.
- 글꼴(경기천년체목 Medium), 글꼴 크기(60pt), 굵게, 글꼴 색(RGB : 244, 139, 148)

**10** '**모서리가 둥근 직사각형(▭)**'과 '**선(╲)**'을 이용하여 슬라이드 하단에 다음과 같이 이름표를 그려요.

💡 선을 그릴 때 직사각형의 격자점에 가져가면 초록색으로 바뀌면서 자석처럼 달라붙습니다.

**11** [삽입] 탭-[텍스트] 그룹-[텍스트 상자]-[가로 텍스트 상자]를 클릭하여 "**초등학교**"와 "**학년 반 번 이름**"을 입력하고 다음과 같이 설정해요.
- 모서리가 둥근 직사각형 : 도형 채우기(흰색, 배경 1), 윤곽선 색(RGB : 244,139,148), 윤곽선 두께(3pt)
- 직선 : 윤곽선 색(RGB : 244,139,148), 대시(파선), 두께(¾pt)
- 텍스트 상자 : 글꼴(경기천년체목 Medium), 글꼴 크기(24pt)
- 이름표에 사용된 모든 개체는 하나로 그룹화(모두 선택하고 마우스 오른쪽 버튼 클릭 후 [그룹화]-[그룹])

**12** '**고양이2.png**'를 삽입하고 크기와 위치를 조정한 후 그룹으로 묶은 이름표를 마우스 오른쪽 버튼으로 클릭하여 [**맨 앞으로 가져오기**]를 클릭해요.

  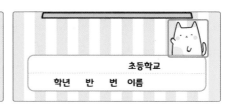

 **2 속지 디자인하기**

**01** **2번 슬라이드**를 선택하고 표를 삽입하기 위해 [**삽입**] 탭-[**표**] 그룹-[**표**]-[**표 삽입**]을 클릭하여 [표 삽입] 대화상자에서 열 개수와 행 개수를 설정한 후 [확인]을 클릭해요.
- 열 개수(1), 행 개수(23)

**02** 표가 만들어지면 표의 크기 조정 핸들을 드래그하여 크기를 조정한 후 표를 드래그하여 사각형 안으로 이동해요.

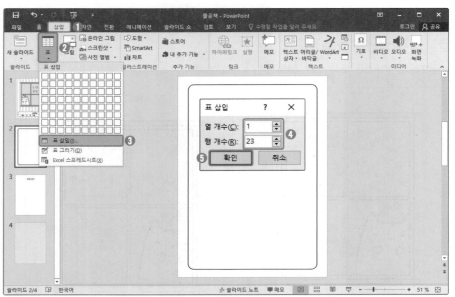 

**03** [표 도구-디자인] 탭-[표 스타일 옵션] 그룹에서 '머리글 행'과 '줄무늬 행'의 옵션을 **해제**한 후 다음과 같이 설정하여 두 번째 슬라이드를 완성해요.

· ❹ 음영 : 채우기 없음 ❺ 펜 색 : 흰색, 배경 1, 50% 더 어둡게 ❻ 테두리 : 안쪽 테두리(⊞) ❼ 펜 스타일 : 테두리 없음 ❽ 테두리 : 바깥쪽 테두리(⊡)

**04** '고양이3.png'와 '고양이4.png'를 삽입하고 크기와 위치를 조정해요.

**05** [삽입] 탭-[텍스트] 그룹-[텍스트 상자]-[가로 텍스트 상자]를 클릭하여 줄 번호 "5"를 입력하고 다음과 같이 설정한 후 Ctrl을 누른 채 드래그하여 **3개** 복제하고 줄 번호를 수정해요.

· 글꼴(맑은 고딕), 글꼴 크기(14pt), 글꼴 색(흰색, 배경 1, 50% 더 어둡게)

**01** **3번 슬라이드**를 선택하고 '**직사각형(▢)**' 도형을 드래그하여 추가한 후 **[그리기 도구-서식] 탭-[도형 스타일]** **그룹**에서 도형 채우기, 도형 윤곽선을 설정해요.

· 도형 채우기(RGB : 248, 232, 247), 도형 윤곽선(윤곽선 없음)

**02** 직사각형을 마우스 오른쪽 버튼으로 클릭하여 **[맨 뒤로 보내기]**를 클릭한 후 Ctrl + Shift 를 누른 채 아래쪽으로 드래그하여 복제하고 도형 채우기 색을 변경해요.

· 도형 채우기(흰색, 배경 1, 15% 더 어둡게)

**03** '**연필.png**'와 '**고양이5~8.png**'를 삽입하고 다음과 같이 크기와 위치를 조정해요.

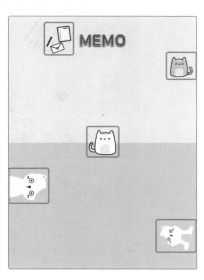

**04** **4번 슬라이드**를 선택하고 '**하트.png**'와 '**고양이기차.png**'를 삽입한 후 크기와 위치를 조정해요.

**05** **[삽입] 탭-[텍스트] 그룹-[텍스트 상자]-[가로 텍스트 상자]**를 클릭하여 "**Have A Nice Day**"를 입력한 후 **[홈] 탭-[글꼴] 그룹**에서 글꼴과 글꼴 크기를 설정해요.

· 글꼴(경기천년체목 Medium), 글꼴 크기(36pt)

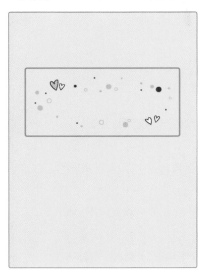

**1** 실습파일을 열어 작성 조건에 따라 10칸 공책을 만들어 보세요.

- **실습파일** : 10칸공책.pptx, 이미지 파일(가렌더, 곰, 클립1~2, 연필, 기린, 토끼, 야옹, 펭귄)　　　**완성파일** : 10칸공책(완성).pptx

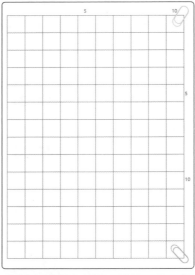
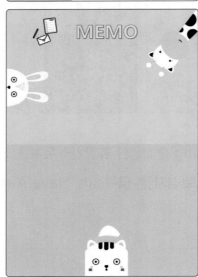

 **작성 조건**

| 1번 슬라이드 | · 그림 삽입 : 가렌더.png, 곰.png |
| --- | --- |
| | · 텍스트 상자 : "GOOD DAY" 입력, 휴먼둥근헤드라인, 54pt, 글꼴 색(흰색, 배경 1), 굵게 |
| 2번 슬라이드 | · 그림 삽입 : 클립1~2.png　　　　　· 표 삽입 : 열(10), 행(14) |
| | · 디자인 : 머리글 행/줄무늬 행 체크 해제, 음영(채우기 없음), 펜 색(흰색, 배경 1, 50% 더 어둡게), 테두리(모든 테두리) |
| 3번 슬라이드 | · 사각형 복사 : 도형 채우기 색 변경　　　· 그림 삽입 : 연필.png, 기린.png, 토끼.png, 야옹.png |
| 4번 슬라이드 | · 그림 삽입 : 펭귄.png |
| | · 텍스트 상자 : "HAPPY" 입력, 휴먼둥근헤드라인, 60pt, 글꼴 색(흰색, 배경 1), 텍스트 그림자 |

# 12 팝업 생일 카드 만들기

영서는 이번 주말 친구의 생일파티에 초대를 받았어요. 그래서 친구의 생일을 축하하기 위해 감동과 재미가 있는 팝업 카드를 직접 만들려고 합니다. 카드를 펼치는 순간 깜짝 놀랄 아이템들이 '뿅~' 하고 나오면 친구가 정말 좋아하겠죠?

**학습목표**
» 카드의 겉지와 속지를 만들 수 있습니다.
» 카드 내용을 입력할 수 있습니다.
» 그림이 팝업되게 디자인할 수 있습니다.

• 실습파일 : 생일축하카드.pptx, 이미지 파일(가렌더1~2, 리본, 메모1~2, 사랑, 생일축하1~4, 선물1~5, 케이크, 폭죽1~2, 풍선)
• 완성파일 : 생일축하카드(완성).pptx

 미리보기

 오늘배울기능

➤ **그림 자르기** : [그림 도구-서식] 탭-[크기] 그룹-[자르기]

➤ **세로 간격 동일하게** : [그리기 도구-서식] 탭-[정렬] 그룹-[맞춤]-[세로 간격을 동일하게]

➤ **개체를 수평 또는 수직으로 복제하기** : Ctrl + Shift +드래그

**01** 파워포인트 2016 프로그램을 실행하여 [12차시] 폴더의 **'생일축하카드.pptx'** 파일을 열고 **1번 슬라이드**를 선택해요.

- 1번 슬라이드 : 카드의 겉지(반으로 접었을 때 왼쪽은 뒷면, 오른쪽은 앞면임)
- 2번 슬라이드 : 슬라이드(왼쪽은 그림으로 꾸미고, 오른쪽은 축하 메시지임)
- 3번 슬라이드 : 팝업 이미지(카드를 열면 팝업되는 이미지와 카드에 붙이는 부분임)

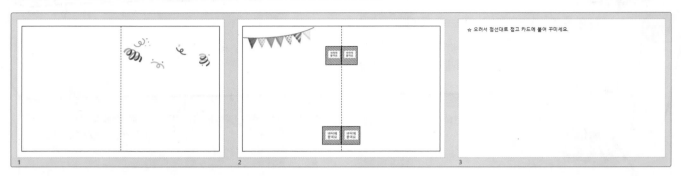

**02** [삽입] 탭-[이미지] 그룹-[그림]을 클릭하여 **'가렌더1.png'**, **'생일축하1.png'**, **'생일축하3.png'** 그림을 겉지 오른쪽에 삽입해요.

**03** **'생일축하3.png'** 그림을 선택하고 [그림 도구-서식] 탭-[크기] 그룹-[자르기]를 클릭한 후 검은색 자르기 핸들을 드래그하여 원하는 그림만 삽입해요.

**04** 같은 방법으로 겉지 왼쪽에 **'생일축하4.jpg'** 그림을 삽입하고 그림을 잘라 불필요한 영역을 제거한 후 크기와 위치를 조정해요.

## 2 카드 속지 만들기

**01** 2번 슬라이드를 선택하고 그림을 삽입한 후 [자르기] 기능을 이용하여 자연스럽게 배치해요.

- '가렌더2.png', '생일축하3.png', '폭죽1~2.png', '선물1~2.png', '선물4~5.png'

**02** [삽입] 탭-[일러스트레이션] 그룹-[도형]-[설명선]-[타원형 설명선(💬)]을 클릭하여 메시지를 작성해요.

- 도형 채우기(흰색, 배경 1), 투명도(20%), 도형 윤곽선 색(RGB : 251, 197, 228)
- 글꼴(안동엄마까투리), 글꼴 크기(32pt), 글꼴 색(RGB : 246, 34, 110)

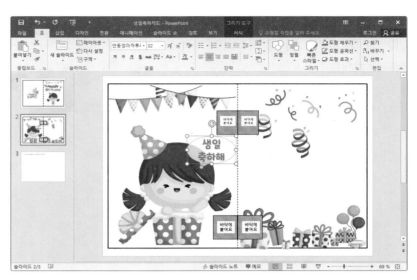

**03** 속지의 오른쪽 면에 축하 메시지를 작성하기 위해 '**메모1.png**', '**리본.png**' 그림을 삽입한 후 다음과 같이 만들어요.

💡 그림 순서는 [맨 앞으로 가져오기]/[맨 뒤로 보내기]를 이용하세요.

**04** [삽입] 탭-[일러스트레이션] 그룹-[도형]-[선]-[선(╲)]을 클릭하고 Shift+드래그하여 선을 그린 후 도형 윤곽선을 다음과 같이 설정해요.

- 도형 윤곽선 색(RGB : 246, 34, 110), 두께(¾pt), 대시(파선)

**05** Ctrl+Shift+드래그하여 **5개** 복제한 후 선을 모두 선택하고 [그리기 도구-서식] 탭-[정렬] 그룹-[맞춤]-[세로 간격을 동일하게]를 클릭해요.

**01** **3번 슬라이드**를 선택하고 그림을 삽입한 후 **[자르기]** 기능을 이용하여 자연스럽게 배치해요.

• '사랑.jpg', '메모2.png', '생일축하2.png', '케이크.png', '선물1.png', '선물3.png', '풍선.png'

**02** **[삽입] 탭-[일러스트레이션] 그룹-[도형]-[사각형]-[직사각형(▭)]**과 **[텍스트 상자]**를 이용하여 카드에 붙이는 곳을 다음과 같이 만든 후에 모든 개체를 선택하고 **Ctrl+G**를 눌러 그룹으로 설정해요.

💡 도형에 무늬를 채우기 위해서는 도형을 마우스 오른쪽 버튼으로 클릭하여 [도형 서식]을 클릭하고 [도형 서식] 작업 창에서 [도형 옵션]-[채우기 및 선]-[채우기]-[패턴 채우기]를 클릭한 후 원하는 패턴을 선택하면 됩니다.

**03** 그룹 설정한 개체를 **Ctrl+D**를 눌러 복제한 후 **[그리기 도구-서식] 탭-[크기]** 그룹에서 너비를 **'13.5cm'**로 설정하여 완성해요.

💡 3번 슬라이드의 그림 5개 중에서 2개를 골라 '그림 붙이는 곳'에 붙인 후 2번 슬라이드의 중앙에 붙이면 카드를 펼쳤을 때 그림이 팝업돼요.

① 실습파일을 열어 작성 조건에 따라 팝업 크리스마스 카드를 만들어 보세요.

- **실습파일** : 크리스마스카드.pptx, 이미지 파일(산타, 선물1, 선물5, 메모3, 크리스마스1~5)　　　• **완성파일** : 크리스마스카드(완성).pptx

### 작성 조건

| | |
|---|---|
| **겉지** | **크리스마스 그림 삽입**<br>• '크리스마스1~2.png', '크리스마스3.jpg'<br>**말풍선**<br>• '타원형 설명선' 도형 삽입<br>• 도형 채우기(황록색, 강조 3, 80% 더 밝게), 도형 윤곽선(윤곽선 없음)<br>• "모두들 메리 크리스마스~♥" 텍스트 입력<br>• 글꼴(안동엄마까투리), 글꼴 크기(20pt), 글꼴 색(녹색)<br>• [도형 서식] 작업 창에서 [도형 옵션]-[크기 및 속성]-[텍스트 상자]의 '도형의 텍스트 배치' 체크 해제<br>**WordArt**<br>• '채우기 - 빨강, 강조 2, 윤곽선 - 강조 2'<br>• "HAPPY NEW YEAR"를 입력, 글꼴 크기(36pt) |
| **속지** | **크리스마스 그림 삽입**<br>• '크리스마스4.jpg', '메모3.jpg'<br>**선 삽입**<br>• 도형 윤곽선 색(RGB : 74, 126, 187), 두께(¾pt), 대시(파선)<br>**붙이는 곳 도형**<br>• [맨 앞으로 가져오기] 설정 |
| **팝업 도안** | **크리스마스 그림 삽입**<br>• '크리스마스5.jpg', '산타.png', '선물1.png', '선물5.png' |

 "♥"는 [삽입] 탭-[기호] 그룹-[기호]를 클릭하여 하위 집합을 '기타 기호'를 선택하고 삽입하거나 "ㅁ"을 입력하고 [한자]를 눌러 목록에서 삽입할 수 있습니다.

# 13 살아 움직이는 동화책 만들기

영서는 동화책을 보면서 '왜 다들 왕자가 공주를 구하는 내용일까?'라는 생각이 들었어요. 그래서 영서는 용감한 공주가 말썽꾸러기 왕자를 구하는 내용으로 동화책을 만들어 보려고 해요. 여러분의 무한한 상상력을 파워포인트를 이용하여 재미있게 표현해 볼까요?

**학습목표**
» 개체에 다양한 애니메이션 효과를 적용할 수 있습니다.
» 한 개체의 애니메이션을 복사하여 다른 개체에도 적용할 수 있습니다.
» 화면 전환 효과를 적용하여 재미있게 만들 수 있습니다.

· 실습파일 : 동화책.pptx, 이미지 파일(공주, 나비, 벌, 왕자, 용, 잠자리, 잠자리채)    · 완성파일 : 동화책(완성).pptx

➤ **애니메이션 효과 적용하기** : [애니메이션] 탭-[애니메이션] 그룹-[애니메이션 효과]
➤ **애니메이션 복사하기** : [고급 애니메이션] 그룹-[애니메이션 복사] 클릭 후 애니메이션 적용할 개체 클릭
➤ **화면 전환 효과 적용하기** : [전환] 탭-[슬라이드 화면 전환] 그룹-[전환 효과]

**01** 파워포인트 2016 프로그램을 실행하여 [13차시] 폴더의 **'동화책.pptx'** 파일을 열어 **1번 슬라이드**를 선택해요.

**02** [13차시] 폴더의 **'왕자.png'**와 **'용.png'**를 삽입하고 크기와 위치를 조정한 후 '용'의 회전 핸들(◉)을 드래그하여 회전시켜요.

**03** Shift 를 누른 채 **'용'**과 **'왕자'**를 클릭하고 Ctrl + C 를 눌러 복사한 후 **2번 슬라이드**를 선택하고 Ctrl + V 를 눌러 붙여 넣어요.

**04** **1번 슬라이드**의 **'왕자'**를 선택하고 [애니메이션] 탭-[애니메이션] 그룹의 [자세히(▾)] 버튼을 클릭하여 [나타내기]-[올라오기(★)] 애니메이션을 선택해요.

**05** 같은 방법으로 **'용'**의 애니메이션을 [나타내기]-[휘돌아 나타내기]로 설정해요.

💡 [나타내기] 목록에 원하는 효과가 보이지 않으면 ★ 추가 나타내기 효과(E)... 를 클릭하여 [나타내기 효과 변경] 대화상자를 이용합니다.

**06** [삽입] 탭-[일러스트레이션] 그룹-
[도형]-[설명선]-[타원형 설명선(◯)]을
클릭하여 말풍선을 그리고 텍스트를 입력한
후 도형 스타일과 글꼴을 설정해요.

- "dragon은 용이고, fly는 파리거든. 그럼 dragonfly
  는 뭘까?"
- "음... 용파리?"
- 도형 스타일 : 색 채우기 - 검정, 어둡게 1(가나다)
- 글꼴 : 글꼴(경기천년체목 Light), 글꼴 크기(20pt)

💡 도형 크기에 맞게 텍스트를 한 줄로 입력하려면
[도형 서식] 작업 창에서 [도형 옵션]-[크기 및 속
성]-[텍스트 상자]의 '도형의 텍스트 배치'를 체크
해제합니다.

**07** '용'의 말풍선을 선택하고 [애니메이
션] 탭-[애니메이션] 그룹-[나타내기]-
[닦아내기(★)]를 설정해요.

**08** [고급 애니메이션] 그룹-[애니메이
션 복사]를 클릭한 후 '왕자'의 말풍선을 클
릭해서 복사한 애니메이션을 적용해요.

 **2** 잠자리로 변해버린 왕자

**01** '용'의 말풍선을 선택하여 Ctrl+C를
눌러 복사하고 **2번 슬라이드**를 선택하여
Ctrl+V를 눌러 붙여 넣은 후 내용을 수정
해요.

- "dragonfly는 잠자리야~ 너를 dragonfly로 만들겠
  다!!"

**02** '잠자리.png'를 삽입하여 잠자리의 눈이 왕자의 눈에 겹치도록 위치를 조정해요.

**03** '왕자'를 선택하여 [끝내기]-[밝기 변화(★)] 애니메이션을 설정하고 '잠자리'를 선택하여 [나타내기]-[밝기 변화(★)]를 선택한 후 [타이밍] 그룹에서 시작을 '이전 효과 다음에'로 설정해요.

 **③ 왕자를 구하러 온 공주**

**01** 3번 슬라이드를 선택하여 '벌', '잠자리', '나비', '공주', '잠자리채' 이미지를 삽입하여 다음과 같이 크기와 위치를 조정한 후 '공주'와 '잠자리채' 이미지를 선택하고 Ctrl+G를 눌러 그룹으로 설정해요.

 '공주' 이미지 삽입 후 [그리기 도구-서식] 탭-[정렬] 그룹-[회전]-[좌우 대칭]을 클릭하여 좌우 대칭시킵니다.

**02** 각 캐릭터의 애니메이션을 다음과 같이 설정하되, '잠자리'는 [사용자 지정 경로]를 클릭하고 잠자리의 중심에서부터 잠자리채까지 꼬불꼬불 드래그해요.

· 공주+잠자리채 : 애니메이션([나타내기]-[바운드]), 시작(클릭할 때)
· 벌 : 애니메이션([이동 경로]-[반복]), 시작(클릭할 때)
· 나비 : 애니메이션([이동 경로]-[도형]), 시작(이전 효과와 함께)
· 잠자리 : 애니메이션([이동 경로]-[사용자 지정 경로]), 시작(이전 효과와 함께)

애니메이션 시간을 조정하기 위해 벌, 나비, 잠자리의 재생 시간은 '10.00'으로 설정해요.

**03** 1번 슬라이드의 '**왕자**'의 말풍선을 클릭하여 Ctrl+C를 눌러 복사하고 **3번 슬라이드**에서 Ctrl+V를 눌러 붙여 넣은 후 텍스트("**잡았다!!**")를 수정하고 말풍선의 크기와 위치를 조정해요.

이 소식을 들은 이웃나라 공주가 왕자를 구하기 위해 잠자리채를 들고 한걸음에 달려왔어요.

## ④ 왕자와 공주의 해피엔딩

**01** **4번 슬라이드**를 선택하여 '**왕자**'와 '**공주**' 이미지를 삽입한 후 [**삽입**] 탭-[**일러스트레이션**] 그룹-[**도형**]-[**기본 도형**]-[**하트(♡)**]를 클릭하여 하트 도형을 삽입하고 도형 스타일을 설정해요.

• 도형 스타일 : 색 채우기 – 주황, 강조 2()

**02** 하트를 마우스 오른쪽 버튼으로 클릭하여 [**맨 뒤로 보내기**]를 클릭한 후 [**나타내기**]-[**확대/축소**] 애니메이션을 설정해요.

**03** 화면 전환 효과를 설정하기 위해 [**전환**] 탭-[**슬라이드 화면 전환**] 그룹의 [**자세히(▾)**] 버튼을 클릭하여 [**깜박이기**]를 선택해요.

**04** F5를 눌러 슬라이드 쇼를 실행시킨 후 여러분이 직접 만든 동화책을 감상해 보세요.

## 1 실습파일을 열어 작성 조건에 따라 동화책 텍스트에 애니메이션을 설정해 보세요.

· 실습파일 : 동화책-텍스트.pptx　　· 완성파일 : 동화책-텍스트(완성).pptx

 **작성 조건**

| 동화 내용 (공통 적용) | · 각 슬라이드의 내용 개체 틀의 텍스트를 마우스로 드래그하거나 Ctrl + A 를 눌러 모두 선택한 후 애니메이션 설정<br>· 애니메이션 : [나타내기]-[확대/축소]<br>· 효과 옵션([애니메이션] 탭-[애니메이션] 그룹에서 추가 효과 옵션 표시(▣))<br>　– [효과] 탭 : 텍스트 애니메이션(문자 단위로, 10% 문자 사이 지연)<br>　– [타이밍] 탭 : 시작(클릭할 때), 재생 시간(1초) |
|---|---|
| 애니메이션 순서 | · [애니메이션] 탭-[고급 애니메이션] 그룹-[애니메이션 창]을 클릭하여 설정<br>· 슬라이드 1 : '옛날에 공부를…' → 그림 4 → 그림 3 → '용은 퀴즈를…' → 타원형 설명선 7 → 타원형 설명선 8<br>· 슬라이드 2 : 텍스트 애니메이션을 맨 뒤로<br>· 슬라이드 3 : 텍스트 애니메이션을 맨 앞으로<br>· 슬라이드 3 : 텍스트 애니메이션을 맨 앞으로 |

# 14 태양계 행성의 공전 주기

영서는 과학 시간에 지구는 태양 주위를 1년에 한 바퀴 도는 공전에 대해 배웠어요. 그리고 지구뿐만 아니라 다른 태양계 행성들도 태양 주위를 공전하는데, 공전 주기를 봐도 어느 정도인지 감이 잡히지 않았어요. 애니메이션 기능으로 공전 주기를 한눈에 알기 쉽게 만들어 볼까요?

**학습목표**
» 행성 그림을 클릭하면 그 행성의 공전이 시작되도록 만들 수 있습니다.
» 행성 주기를 일정한 비율로 시간을 정하여 재생 시간을 설정할 수 있습니다.
» 애니메이션이 무한히 반복할 수 있도록 설정할 수 있습니다.

· 실습파일 : 태양계.pptx, 이미지 파일(수성, 금성, 지구, 화성, 목성, 토성, 천왕성, 해왕성)  · 완성파일 : 태양계(완성).pptx

**미리보기**

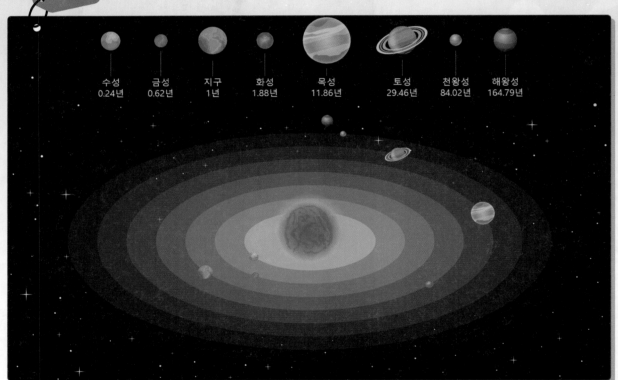

**오늘 배울 기능**

➡ **공전 애니메이션 효과 설정하기:** [애니메이션] 탭-[애니메이션] 그룹-[이동 경로]-[도형]

➡ **애니메이션 무한 반복 설정하기:** [효과 옵션]-[타이밍] 탭-[반복]-[슬라이드가 끝날 때까지]

➡ **애니메이션 시작 조건 설정하기:** [효과 옵션]-[타이밍] 탭-[시작 옵션]-[다음을 클릭하면 효과 시작]

## 1 행성 그림 삽입하기

**01** 파워포인트 2016 프로그램을 실행하여 [14차시] 폴더의 **'태양계.pptx'** 파일을 열어요.

**02** 그림을 삽입하기 위해 **[삽입] 탭-[이미지] 그룹-[그림]**을 클릭하여 [그림 삽입] 대화상자에서 [14차시] 폴더의 **'수성.png'**를 선택하고 [삽입]을 클릭한 후 크기와 위치를 조정해요.

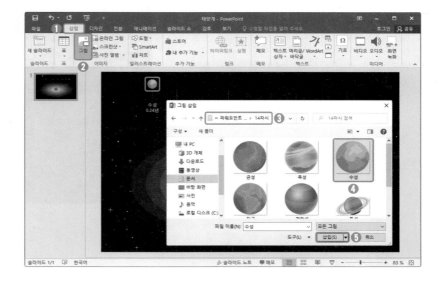

**03** 같은 방법으로 **금성**, **지구**, **화성**, **목성**, **토성**, **천왕성**, **해왕성** 그림을 삽입하여 다음과 같이 만들어 보세요.

💡 그림이 삽입되는 순서에 따라 개체 이름의 번호가 정해지므로 그림은 순서대로 1개씩 삽입하세요.

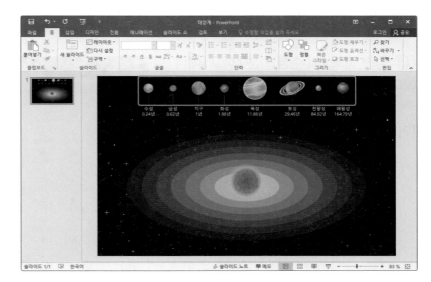

**04** **수성**을 선택하고 [Ctrl]을 누른 채 드래그하여 색상으로 구분된 수성의 공전 궤도로 복제한 후 **[그림 도구-서식] 탭-[크기] 그룹**에서 크기를 작게 만들어요.

· ❸ 높이(0.42cm) 너비(0.42cm)

💡 '공전 궤도'란 한 천체가 다른 천체의 주위를 주기적으로 도는 길을 의미합니다.

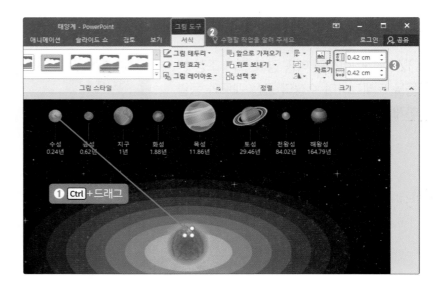

**05** 같은 방법으로 **금성, 지구, 화성, 목성, 토성, 천왕성, 해왕성**을 색상으로 구분된 각 행성의 공전 궤도로 복제한 후 다음과 같이 크기를 작게 만들어요.

- 금성 : 0.29cm, 지구 : 0.61cm, 화성 : 0.36cm, 목성 : 1.01cm, 천왕성 : 0.26cm, 해왕성 : 0.51cm (이상 높이, 너비 동일), 토성 : 높이 0.62cm, 너비 1.09cm

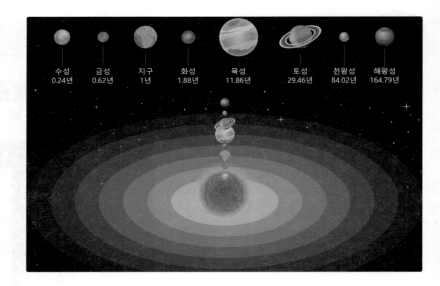

## 2 애니메이션으로 행성 공전시키기

**01** 공전 궤도상의 **수성**을 선택하고 **[애니메이션] 탭-[애니메이션]** 그룹의 [자세히 (▼)] 버튼을 클릭하여 아래로 스크롤한 후 **[이동 경로]-[도형]** 애니메이션을 선택해요.

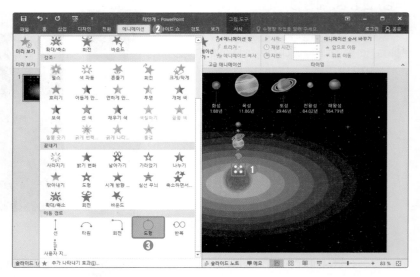

**02** 애니메이션의 이동 경로 크기 조정 핸들을 드래그하여 수성의 공전 궤도와 동일하게 만들어요.

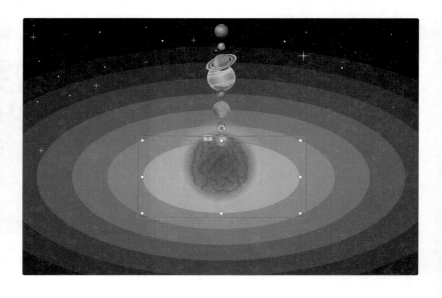

**03** **[고급 애니메이션] 그룹-[애니메이션 창]**을 클릭한 후 [애니메이션 창]에서 애니메이션 목록의 화살표(▼)를 클릭하여 **[효과 옵션]**을 선택해요.

💡 [애니메이션] 탭-[애니메이션] 그룹의 '추가 효과 옵션 표시(⊡)'를 클릭해도 [효과 옵션] 창을 표시할 수 있습니다.

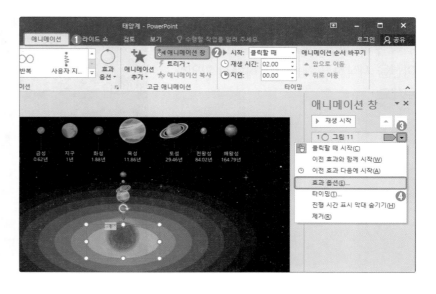

**04** [원형] 대화상자의 **[효과] 탭**에서 **'부드럽게 시작'**과 **'부드럽게 종료'**를 각각 **'0초'**로 설정해요.

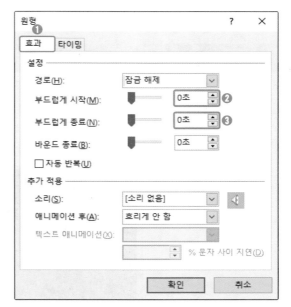

**05** **[타이밍] 탭**에서 '재생 시간'을 수성의 공전 주기 0.24의 3배인 **'0.72초'**로 설정한 후 '반복'을 **'슬라이드가 끝날 때까지'**로 설정해요.

💡 재생 시간을 0.24초로 설정하면 너무 빨리 움직여서 눈으로 확인하기가 어렵습니다.

**06** 위쪽의 수성 그림을 클릭하면 애니메이션이 시작하도록 하기 위해 **[시작 옵션]**을 클릭하고 **'다음을 클릭하면 효과 시작'**을 선택하고 위쪽 수성 그림인 **'그림 3'**을 선택한 후 [확인]을 클릭해요.

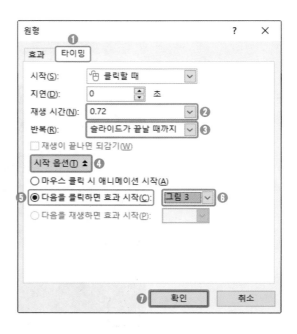

**07** F5를 눌러 슬라이드 쇼를 실행시킨 후 위쪽 수성 그림을 클릭하면 수성이 애니메이션을 시작하고 계속 반복하는지 확인해 보세요.

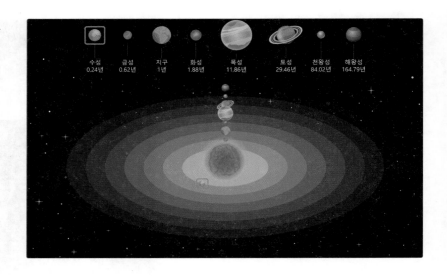

**08** 같은 방법으로 **금성**, **지구**, **화성**, **목성**, **토성**, **천왕성**, **해왕성**의 애니메이션을 설정하고 효과와 타이밍을 다음과 같이 설정하세요.

| 구분 | 금성 | 지구 | 화성 | 목성 | 토성 | 천왕성 | 해왕성 |
|------|------|------|------|------|------|--------|--------|
| 재생 시간 | 1.86초 | 3초 | 5.64초 | 35.58초 | 88.38초 | 252.06초 | 494.37초 |
| 효과 시작 | 그림 4 | 그림 5 | 그림 6 | 그림 7 | 그림 8 | 그림 9 | 그림 10 |

💡 큰 행성과 작은 행성의 그림 번호는 [홈] 탭-[편집] 그룹-[선택]-[선택 창]을 클릭하여 확인할 수 있으며, 개체 이름을 선택하고 클릭하면 이름을 변경할 수 있어요.

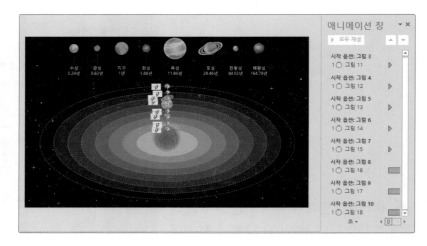

**09** F5를 눌러 슬라이드 쇼를 실행시킨 후 각 행성을 클릭하여 태양계 행성들의 공전 주기를 비교해 보세요.

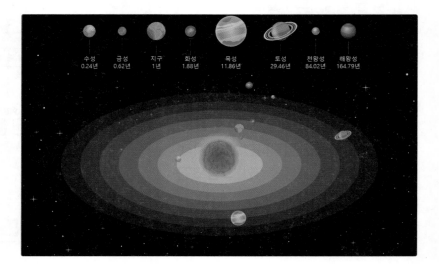

**1** 실습파일을 열어 작성 조건에 따라 애니메이션을 설정해 보세요.

· **실습파일** : 스마트홈.pptx      · **완성파일** : 스마트홈(완성).pptx

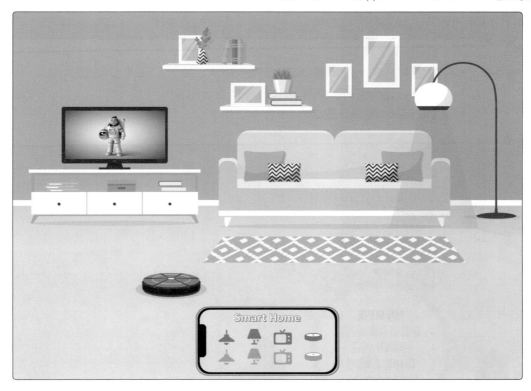

### 작성 조건

| | |
|---|---|
| 조명 | · '조명-ON' 버튼 클릭 시 '거실(어두움)' [사라지기]<br>· '조명-OFF' 버튼 클릭 시 '거실(어두움)' [나타내기] |
| 스탠드 | · '스탠드-ON' 버튼 클릭 시 '불빛' [나타내기]<br>· '스탠드-OFF' 버튼 클릭 시 '불빛' [사라지기] |
| TV | · 'TV-ON' 버튼 클릭 시<br>  ① '만화' [나타내기]<br>  ② '만화' [미디어]-[실행]<br>    – 시작(이전 효과 다음에), 반복(슬라이드가 끝날 때까지)<br>· 'TV-OFF' 버튼 클릭 시 '만화' [사라지기] |
| 청소기 | · '청소기-ON' 버튼 클릭 시<br>  ① '청소기' [나타내기]<br>  ② '청소기' [이동 경로]-[반복]-[누운 8자]<br>    – 부드럽게 시작(1초), 부드럽게 종료(1초)<br>    – 시작(이전 효과 다음에), 재생 시간(12초), 반복(슬라이드가 끝날 때까지)<br>· '청소기-OFF' 버튼 클릭 시 '청소기' [사라지기] |

💡 'TV-ON'과 '청소기-ON'은 2개의 애니메이션을 이용합니다.

# 15 시간 관리를 도와주는 타이머

영서네 반 친구들은 공부할 때 스마트폰 앱 타이머를 사용하는 것이 마치 유행처럼 되어 있어요. 그런데 원하는 대로 설정이 되지 않아 불편한 앱들도 있어요. 타이머 디자인과 시간뿐만 아니라 알람 소리까지 나만의 스타일로 만들어서 사용하면 여러분의 성적이 쑥쑥 올라갈 거예요!

**학습목표**
» 시작 버튼에 마우스 포인터를 갖다 대면 다른 슬라이드로 이동하도록 할 수 있습니다.
» 시작 버튼을 클릭하면 타이머가 시작되도록 할 수 있습니다.
» 타이머가 종료되면 알람 소리가 나게 할 수 있습니다.

• **실습파일** : 타이머.pptx, 오디오 파일(알람 소리) • **완성파일** : 타이머(완성).pptx

**미리보기**

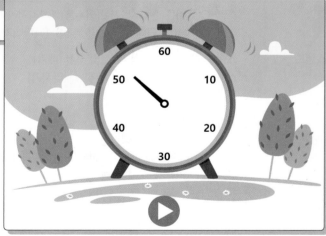

**오늘 배울 기능**

➡ **마우스 포인터 닿으면 슬라이드 이동하기** : [삽입] 탭-[링크] 그룹-[실행]-[마우스를 위에 놓았을 때] 탭 -[하이퍼링크]-[슬라이드 번호]

➡ **회전 애니메이션** : [애니메이션] 탭-[애니메이션] 그룹-[강조]-[회전]

➡ **소리 삽입하기** : [삽입] 탭-[미디어] 그룹-[오디오]-[내 PC의 오디오] 클릭 후 오디오 파일 설정

# 1 시작 버튼 만들기

**01** [15차시] 폴더의 '**타이머.pptx**' 파일을 열어 **1번 슬라이드**를 선택한 후 시작 버튼을 만들기 위해 **[삽입] 탭-[일러스트레이션] 그룹-[도형]**에서 **[타원(◯)]**과 **[이등변 삼각형(△)]**을 삽입하여 다음과 같이 시작 버튼을 만들어요.

· 원 : 도형 채우기(RGB : 236, 85, 76), 도형 윤곽선(윤곽선 없음)　　· 삼각형 : 도형 채우기(흰색, 배경 1), 도형 윤곽선(윤곽선 없음)

타원을 `Shift`+드래그하면 원이 그려지고, 삼각형을 `Shift`+드래그하면 정삼각형이 그려집니다.

**02** **1번 슬라이드**에서 **시작 버튼**의 원과 삼각형을 모두 선택하고 `Ctrl`+`C`를 눌러 복사한 후 **2번 슬라이드**를 선택하고 `Ctrl`+`V`를 눌러 붙여 넣어요.

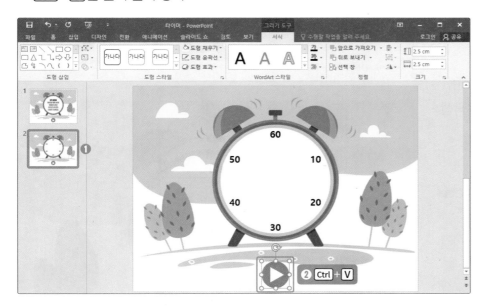

**03** 시작 버튼에 마우스 포인터를 올리면 다른 슬라이드로 이동하도록 하기 위해 **1번 슬라이드** 시작 버튼의 **삼각형**을 선택하고 **[삽입] 탭-[링크] 그룹-[실행]**을 클릭해요.

**04** [실행 설정] 대화상자에서 **[마우스를 위에 놓았을 때] 탭**의 **[하이퍼링크]**를 클릭하고 '**다음 슬라이드**'를 선택한 후 [확인]을 클릭해요.

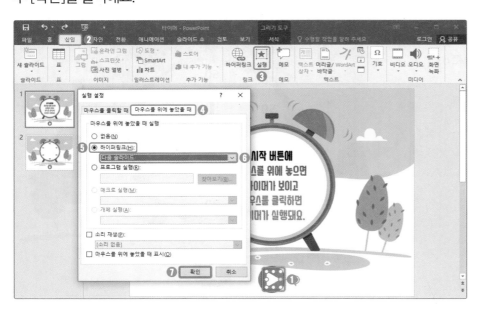

**01** [삽입] 탭-[일러스트레이션] 그룹-[도형]-[기본 도형]-[타원(○)]을 클릭하고 Shift+드래그하여 크고 작은 원을 **2개** 그려요.

**02** 두 도형의 중심을 맞추기 위해 드래그하여 도형을 모두 선택한 후 [그리기 도구-서식] 탭-[정렬] 그룹-[맞춤]-[가운데 맞춤]과 [중간 맞춤]을 각각 클릭해요.

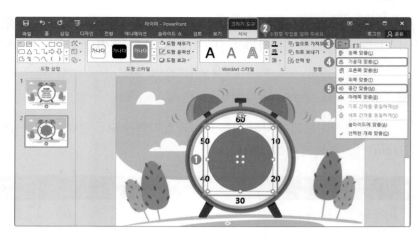

**03** 큰 원과 작은 원의 채우기 색과 윤곽선을 다음과 같이 설정해요.

· 큰 원 : 도형 채우기(흰색, 배경 1),
　　　　 도형 윤곽선(윤곽선 없음)

· 작은 원 : 도형 채우기(흰색, 배경 1), 윤곽선 색(검정,
　　　　　텍스트 1), 윤곽선 두께(4½pt)

💡 시계 바늘과 2개의 원이 함께 회전되어야 시계처럼 보일 수 있어요.

**04** 시계 바늘을 만들기 위해 [삽입] 탭-[일러스트레이션] 그룹-[도형]-[기본 도형]-[사다리꼴(△)]을 클릭하여 길쭉하게 삽입한 후 다음과 같이 설정해요.

· 도형 채우기(검정, 텍스트 1), 도형 윤곽선(검정,
　텍스트 1)

## ③ 애니메이션 설정하기

**01** **큰 원**, **작은 원**, **시계 바늘**을 모두 선택하고 Ctrl+G를 눌러 그룹으로 설정해요.

💡 2개의 원과 시계 바늘을 함께 그룹으로 묶어 회전시키면 실제로는 원도 회전하지만 시계 바늘만 회전하는 것처럼 보여져요.

**02** **[애니메이션]** 탭-**[애니메이션]** 그룹-**[강조]**-**[회전]**을 설정해요.

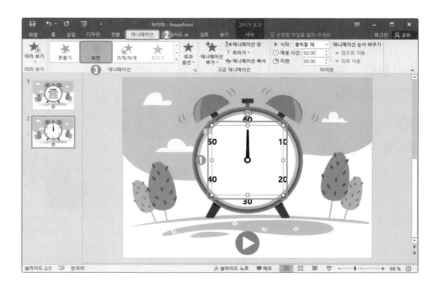

**03** **[애니메이션]** 탭-**[고급 애니메이션]** 그룹-**[애니메이션 창]**을 클릭한 후 [애니메이션 창]에서 애니메이션 목록의 화살표(▼)를 클릭하여 **[효과 옵션]**을 선택해요.

**04** [회전] 대화상자의 **[타이밍]** 탭에서 '재생 시간'을 '**60초**'로 설정한 후 시작 버튼을 클릭하면 애니메이션이 시작되도록 하기 위해 **[시작 옵션]**-**[다음을 클릭하면 효과 시작]**-**[이등변 삼각형 2]**를 선택하고 **[확인]**을 클릭해요.

💡 [타이밍] 그룹-[재생 시간]에서는 600초(10분)까지만 시간 설정이 가능합니다.

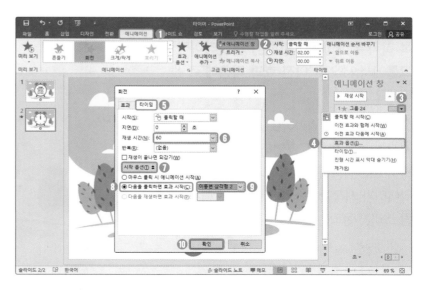

**01** 타이머가 종료되면 알람 소리가 나도록 하기 위해 **[삽입] 탭-[미디어] 그룹-[오디오]-[내 PC의 오디오]**를 클릭한 후 [오디오 삽입] 대화상자에서 [15차시] 폴더의 '**알람 소리.wav**'를 선택하고 [삽입]을 클릭해요.

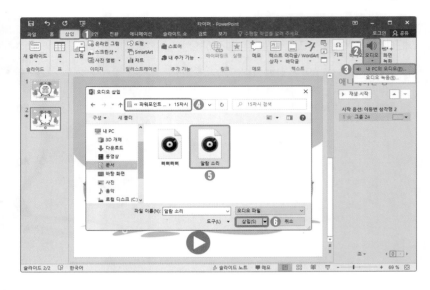

**02** 슬라이드 쇼가 실행되는 동안 오디오 아이콘을 숨기기 위해 **[오디오 도구-재생] 탭-[오디오 옵션] 그룹**의 **[쇼 동안 숨기기]**를 체크해요.

**03** [애니메이션 창]에서 '**알람 소리**'를 위쪽으로 드래그해요.

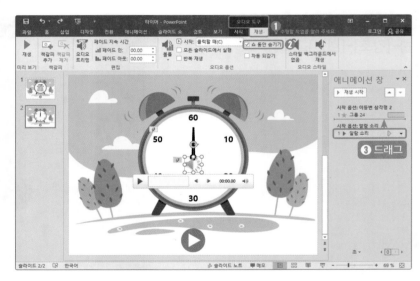

**04** 타이머가 종료되자마자 알람이 울리도록 하기 위해 **[애니메이션] 탭-[타이밍] 그룹**에서 시작을 '**이전 효과 다음에**'로 선택해요.

**05** F5를 눌러 슬라이드 쇼를 실행시킨 후 시작 버튼에 마우스 포인터를 올려 다음 슬라이드로 이동하고, 시작 버튼을 클릭하여 타이머가 시작한 후 타이머 종료와 함께 알람 소리가 울리는 것을 확인해 보세요.

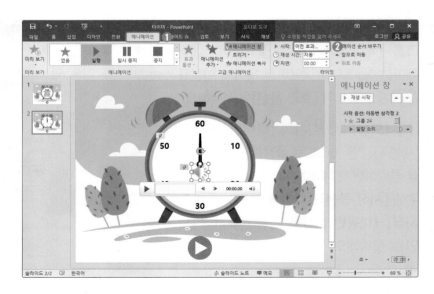

실습파일을 열어 작성 조건에 따라 원하는 시간에 마우스를 위에 놓으면 시간이 설정되고, 마우스를 클릭하면 타이머가 실행되며, 타이머 종료 시 알람이 울리는 타이머를 만들어 보세요.

· 실습파일 : 타이머2.pptx, 오디오 파일(삐삐삐삐)    · 완성파일 : 타이머2(완성).pptx

 작성 조건

| 공통 | · '30초' 위에 마우스 포인터를 놓았을 때 '슬라이드 2'로 이동<br>· '1분' 위에 마우스 포인터를 놓았을 때 '슬라이드 3'으로 이동<br>· '3분' 위에 마우스 포인터를 놓았을 때 '슬라이드 4'로 이동<br>· 타이머 종료 시 '삐삐삐삐.mp3' 오디오 파일 실행 |
| --- | --- |
| 2번 슬라이드 | · '30초'를 클릭할 때 타이머 시작 |
| 3번 슬라이드 | · '1분'을 클릭할 때 타이머 시작 |
| 4번 슬라이드 | · '3분'을 클릭할 때 타이머 시작 |

# 16 나는야 어린이 스타일리스트

옷에 관심이 많은 태윤이의 장래 희망은 패션 스타일리스트예요. 지금까지는 마네킹에 직접 옷을 입히는 방식이었는데, 의상과 신발을 선택하면 모델에 자동으로 입혀지고 신겨지는 방식의 앱을 개발하여 사용하면 원하는 스타일을 찾는 데 시간과 비용을 절약할 수 있을 거예요.

학습목표

» [선택] 작업 창을 이용하여 개체 이름을 변경할 수 있습니다.

» 기존 애니메이션에 새로운 애니메이션을 추가할 수 있습니다.

» 개체에 트리거를 설정하여 애니메이션이 실행되도록 설정할 수 있습니다.

· 실습파일 : 스타일리스트.pptx　· 완성파일 : 스타일리스트(완성).pptx

➡ **개체 이름 변경하기** : [홈] 탭-[편집] 그룹-[선택]-[선택 창]

➡ **애니메이션 추가하기** : [고급 애니메이션] 그룹-[애니메이션 추가]-[애니메이션 효과]

➡ **특정 개체 클릭 시 애니메이션 시작** : [고급 애니메이션] 그룹-[트리거]-[클릭할 때]-[개체 이름]

# 1 개체 이름 변경하기

**01** 파워포인트 2016 프로그램을 실행하여 [16차시] 폴더의 **'스타일리스트.pptx'** 파일을 연 후 개체를 선택하여 이름을 변경하기 위해 [홈] 탭-[편집] 그룹-[선택]-[선택 창]을 클릭해요.

**02** **맨 왼쪽 상의**를 선택하여 [선택] 작업 창에 해당 개체의 이름이 표시되면 한 번 더 클릭하여 **"상의1"**을 입력하고 Enter를 눌러 이름을 변경해요.

**03** 같은 방법으로 **"상의2~5"**, **"하의1~5"**, **"신발1~5"**, **"상의아이콘"**, **"하의아이콘"**, **"신발아이콘"**, **"모델"**로 개체 이름을 변경한 후 [선택] 작업 창의 [닫기] 버튼을 클릭해요.

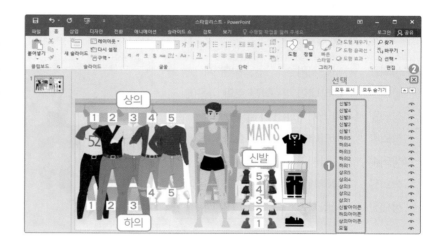

# 2 상의 애니메이션 설정하기

**01** **'상의1'**을 선택하고 [애니메이션] 탭-[애니메이션] 그룹에서 [나타내기]-[나타내기]를 클릭한 후 [고급 애니메이션] 그룹-[애니메이션 창]을 클릭해요.

**02** 클릭하면 **'상의1'**이 사라지는 애니메이션을 추가하기 위해 **[고급 애니메이션] 그룹-[애니메이션 추가]-[끝내기]-[사라지기]**를 클릭해요.

💡 [애니메이션 추가]에서 애니메이션을 설정하지 않고 그냥 설정하면 기존 [나타내기] 애니메이션이 새로운 애니메이션으로 변경됩니다.

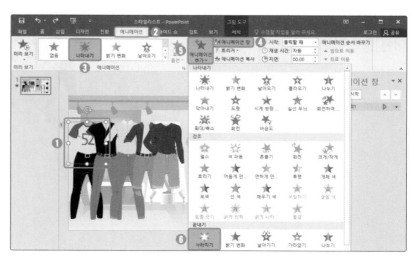

**03** '상의1'이 사라지자마자 '상의2'가 나타나게 하기 위해 **'상의2'**를 선택하고 [나타내기]-[나타내기] 애니메이션을 설정한 후 [타이밍] 그룹에서 시작을 **'이전 효과 다음에'**로 선택해요.

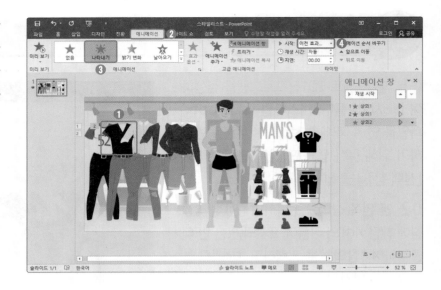

**04** 같은 방법으로 **상의 개체**들의 애니메이션을 다음과 같이 적용해요.

| 개체 이름 | 애니메이션 | 시작 |
|---|---|---|
| '상의2' | 사라지기 | 클릭할 때 |
| '상의3' | 나타내기 | 이전 효과 다음에 |
| '상의3' | 사라지기 | 클릭할 때 |
| '상의4' | 나타내기 | 이전 효과 다음에 |
| '상의4' | 사라지기 | 클릭할 때 |
| '상의5' | 나타내기 | 이전 효과 다음에 |
| '상의5' | 사라지기 | 클릭할 때 |

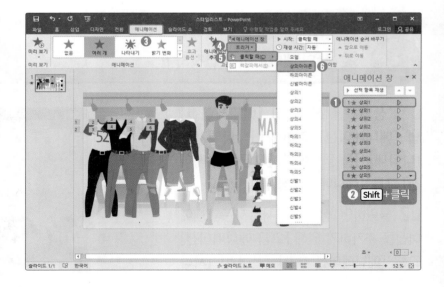

**05** '상의아이콘'을 클릭할 때마다 상의가 바뀌게 하기 위해 [애니메이션 창]에서 **'상의1'**을 클릭하고 Shift 를 누른 채 **'상의5'**를 클릭하여 모두 선택한 후 [고급 애니메이션] 그룹-[트리거]-[클릭할 때]-[상의아이콘]을 클릭해요.

**01** **하의 개체**와 **신발 개체**들의 애니메이션을 다음과 같이 설정해요.

| 개체 이름 | 애니메이션 | 시작 |
|---|---|---|
| '하의1' | 나타내기 | 클릭할 때 |
| '하의1' | 사라지기 | 클릭할 때 |
| '하의2' | 나타내기 | 이전 효과 다음에 |
| '하의2' | 사라지기 | 클릭할 때 |
| '하의3' | 나타내기 | 이전 효과 다음에 |
| '하의3' | 사라지기 | 클릭할 때 |
| '하의4' | 나타내기 | 이전 효과 다음에 |
| '하의4' | 사라지기 | 클릭할 때 |
| '하의5' | 나타내기 | 이전 효과 다음에 |
| '하의5' | 사라지기 | 클릭할 때 |

| 개체 이름 | 애니메이션 | 시작 |
|---|---|---|
| '신발1' | 나타내기 | 클릭할 때 |
| '신발1' | 사라지기 | 클릭할 때 |
| '신발2' | 나타내기 | 이전 효과 다음에 |
| '신발2' | 사라지기 | 클릭할 때 |
| '신발3' | 나타내기 | 이전 효과 다음에 |
| '신발3' | 사라지기 | 클릭할 때 |
| '신발4' | 나타내기 | 이전 효과 다음에 |
| '신발4' | 사라지기 | 클릭할 때 |
| '신발5' | 나타내기 | 이전 효과 다음에 |
| '신발5' | 사라지기 | 클릭할 때 |

**02** '하의아이콘'을 클릭할 때마다 하의가 바뀌게 하기 위해 [애니메이션 창]에서 '하의1'을 클릭하고 Shift를 누른 채 '하의5'를 클릭하여 모두 선택한 후 [고급 애니메이션] 그룹-[트리거]-[클릭할 때]-[하의아이콘]을 클릭해요.

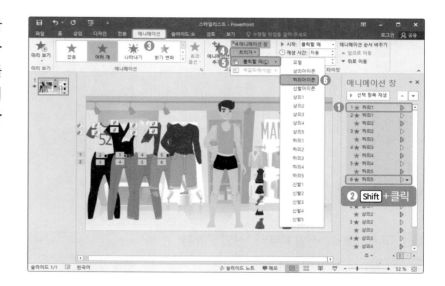

**03** '신발아이콘'을 클릭할 때마다 신발이 바뀌게 하기 위해 [애니메이션 창]에서 '신발1'을 클릭하고 Shift를 누른 채 '신발5'를 클릭하여 모두 선택한 후 [고급 애니메이션] 그룹-[트리거]-[클릭할 때]-[신발아이콘]을 클릭해요.

애니메이션 설정이 완료되면 [애니메이션 창]은 닫습니다.

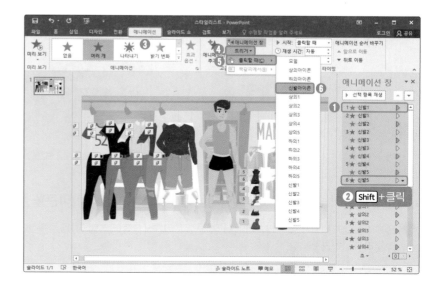

**01** 상의를 모델에게 입히기 위해 '**상의1**'부터 '**상의5**'까지 하나씩 모델의 상체 위치로 드래그해요.

**02** 같은 방법으로 '**하의1**'부터 '**하의5**'까지 모델의 하체 위치로 드래그해요.

**03** 마지막으로 '**신발1**'부터 '**신발5**'까지 모델의 발 위치로 드래그해요.

**04** F5를 눌러 슬라이드 쇼를 실행시킨 후 상의/하의/신발 아이콘을 클릭하면서 원하는 스타일로 꾸며 보세요.

옷이나 신발의 위치가 맞지 않으면 [홈] 탭-[편집] 그룹-[선택]-[선택 창]을 클릭하여 개체 목록에서 개체를 선택한 후 방향키 또는 Ctrl+방향키를 눌러 조정하면 됩니다.

혼자서 뚝딱뚝딱

1 실습파일을 열어 아래쪽의 버튼을 누를 때마다 꼬마 마법사의 모자/머리/옷/팔/다리가 바뀌도록 만들어 보세요.

· 실습파일 : 꼬마 마법사.pptx　　· 완성파일 : 꼬마 마법사(완성).pptx

 작성 조건

· 시작 옵션 : cap(모자)

| 개체 이름 | 애니메이션 | 시작 |
|---|---|---|
| 모자1 | 나타내기 | 클릭할 때 |
| 모자1 | 사라지기 | 클릭할 때 |
| 모자2 | 나타내기 | 이전 효과와 함께 |
| 모자2 | 사라지기 | 클릭할 때 |
| 모자3 | 나타내기 | 이전 효과와 함께 |
| 모자3 | 사라지기 | 클릭할 때 |

· 시작 옵션 : head(머리)

| 개체 이름 | 애니메이션 | 시작 |
|---|---|---|
| 머리1 | 나타내기 | 클릭할 때 |
| 머리1 | 사라지기 | 클릭할 때 |
| 머리2 | 나타내기 | 이전 효과와 함께 |
| 머리2 | 사라지기 | 클릭할 때 |
| 머리3 | 나타내기 | 이전 효과와 함께 |
| 머리3 | 사라지기 | 클릭할 때 |

💡 dress(옷), arms(팔), legs(다리)도 위와 동일하게 애니메이션을 적용하면 돼요.

# 장애물 달리기 게임

민규는 안 해본 스포츠 게임이 없을 정도로 스포츠 게임을 좋아해요. 선생님께서 민규에게 많은 게임을 해본 경험과 실력을 살려 스포츠 게임을 직접 만들어보면 좋겠다고 하셨어요. 민규와 함께 장애물이 다가오면 점프해서 장애물을 넘어가는 게임을 만들어 볼까요?

**학습목표**
» 장애물이 반복해서 다가오게 할 수 있습니다.
» 장애물보다 관중석이 느리게 움직이게 하여 원근감이 느껴지게 할 수 있습니다.
» 운동선수를 클릭하면 위로 점프해서 제자리로 오게 할 수 있습니다.

· 실습파일 : 이미지 파일(선수, 장애물, 관중석) · 완성파일 : 장애물 달리기.pptx

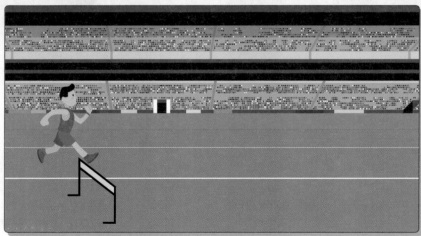

➤ **그림 크기 원하는 대로 변경하기** : [그림 서식] 작업 창에서 '가로 세로 비율 고정' 체크 해제 후 크기 설정
➤ **한쪽 방향으로 움직이게 하기** : [애니메이션] 탭-[애니메이션] 그룹-[이동 경로]-[선]
➤ **애니메이션 실행 후 원위치로 되돌아오기** : [효과 옵션]-[효과] 탭-[자동 반복] 체크

## 1 경기장 트랙 만들기

**01** 파워포인트 2016 프로그램을 실행하여 **[새 프레젠테이션]**을 클릭해요.

**02** 레이아웃을 변경하기 위해 **[홈] 탭-[슬라이드] 그룹-[레이아웃]-[빈 화면]**을 클릭해요.

💡 왼쪽의 축소판 그림 창이나 슬라이드의 빈 곳에서 마우스 오른쪽 버튼을 클릭하여 [레이아웃]을 클릭해도 됩니다.

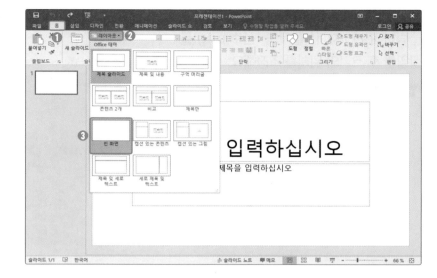

**03** **[디자인] 탭-[사용자 지정] 그룹-[배경 서식]**을 클릭한 후 [배경 서식] 작업 창에서 **[채우기]-[단색 채우기]**를 선택하고 색의 채우기 색을 클릭하여 '**다른 색**'을 선택해요.

**04** **[색]** 대화상자에서 **[사용자 지정] 탭**을 클릭하고 색을 설정한 후 [확인]을 클릭해요.

· ❼ RGB : 214, 137, 111

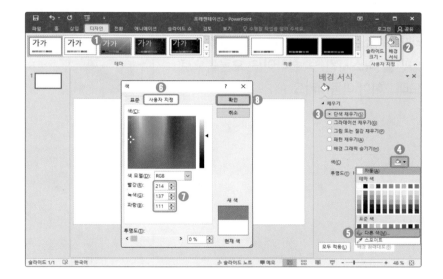

**05** **[삽입] 탭-[일러스트레이션] 그룹-[도형]-[선]-[선(╲)]**을 클릭하여 Shift+드래그하여 선을 그려요.

**06** [도형 서식] 작업 창에서 색과 너비를 설정하고 Ctrl+Shift+드래그하여 아래쪽에 선을 복제한 후 너비를 변경한 다음 [도형 서식] 작업 창의 [닫기] 버튼을 클릭해요.

· 가는 선 : 색(흰색, 배경 1), 너비(1pt)
· 굵은 선 : 색(흰색, 배경 1), 너비(2.5pt)

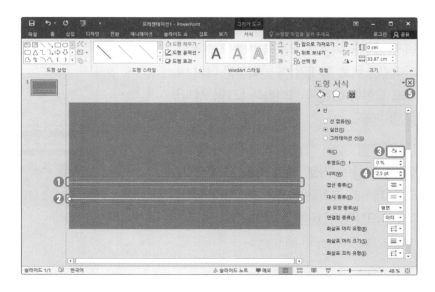

## ② 여러 개체 삽입하기

**01** **[삽입] 탭-[이미지] 그룹-[그림]**을 클릭하여 [17차시] 폴더의 **'선수.png'**를 삽입한 후 크기와 위치를 조정해요.

💡 Ctrl 을 누른 상태에서 마우스 휠을 이용하여 화면을 확대/축소할 수도 있습니다.

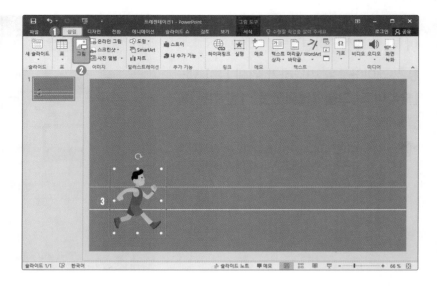

**02** **'장애물.png'**를 삽입하고 오른쪽 아래의 [축소(➖)] 버튼을 여러 번 클릭하여 화면을 축소시킨 후 슬라이드 오른쪽으로 드래그하여 이동시켜요.

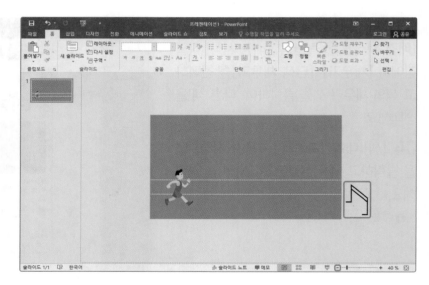

**03** **'관중석.jpg'**를 삽입하여 왼쪽 위에 위치시킨 후 마우스 오른쪽 버튼으로 클릭하여 **[맨 뒤로 보내기]**를 클릭하고 다시 마우스 오른쪽 버튼을 클릭하여 **[그림 서식]**을 클릭해요.

**04** [그림 서식] 작업 창에서 **[크기 및 속성]-[크기]**의 **'가로 세로 비율 고정'**을 체크 해제하고 크기를 설정한 후 [그림 서식] 작업 창의 [닫기] 버튼을 클릭해요.

· ❹ 크기(높이 10.4cm, 너비 51cm)

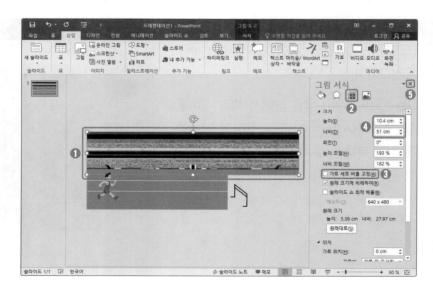

## 운동선수 달리게 하기

**01** '장애물'이 오른쪽에서 왼쪽으로 움직이게 하기 위해 **'장애물'**을 선택하고 **[애니메이션]** 탭-**[애니메이션]** 그룹-**[이동 경로]**-**[선]**을 설정한 후 **[효과 옵션]**-**[왼쪽]**을 클릭해요.

**02** 이동 경로의 끝점(◀)을 클릭하고 (Shift)를 누른 채 왼쪽 바깥으로 드래그해요.

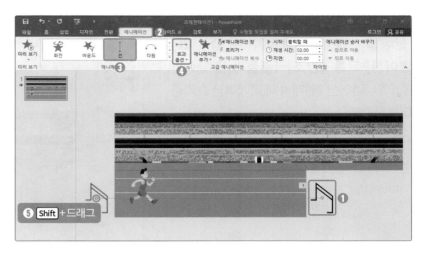

**03** **[애니메이션]** 탭-**[고급 애니메이션]** 그룹-**[애니메이션 창]**을 클릭하여 **[애니메이션 창]**에서 애니메이션 효과를 더블클릭한 후 **[왼쪽으로]** 대화상자의 **[효과]**와 **[타이밍] 탭**에서 다음과 같이 설정하고 **[확인]**을 클릭해요.

• [효과] 탭 : 부드럽게 시작(0초), 부드럽게 종료(0초)
• [타이밍] 탭 : 시작(이전 효과와 함께), 재생 시간(2초),
　　　　　　　반복(슬라이드가 끝날 때까지)

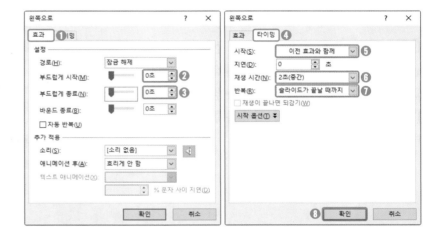

**04** '관중석'에도 **[선]** 애니메이션을 설정하고 **[효과 옵션]**-**[왼쪽]**을 클릭한 후 끝점(◀)을 클릭하고 (Shift)를 누른 채 왼쪽으로 드래그해요.

> 💡 왼쪽으로 이동하는 거리를 너무 길게 하면 관중석이 끊어지므로 왼쪽으로 적당히 드래그해야 합니다.

**05** **[애니메이션 창]**에서 애니메이션 효과를 더블클릭한 후 **[왼쪽으로]** 대화상자에서 다음과 같이 설정하고 **[확인]**을 클릭해요.

• [효과] 탭 : 부드럽게 시작(0초), 부드럽게 종료(0초)
• [타이밍] 탭 : 시작(이전 효과와 함께), 재생 시간(10초),
　　　　　　　반복(슬라이드가 끝날 때까지)

> 💡 '장애물'의 재생 시간보다 '관중석'의 재생 시간을 더 길게 하여 천천히 움직이게 하면 원근감을 느낄 수 있습니다.

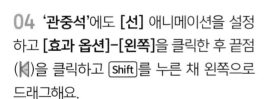
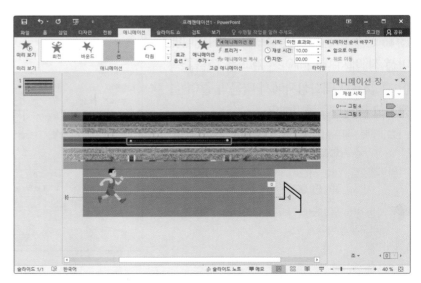

**01** '선수'가 달리는 것처럼 표현하기 위해 **'선수'**를 선택하고 **[애니메이션] 탭-[애니메이션] 그룹-[강조]-[흔들기]**를 클릭한 후 [애니메이션 창]에서 애니메이션 효과를 더블클릭해요.

**02** [흔들기] 대화상자에서 다음과 같이 설정하고 [확인]을 클릭해요.

• [타이밍] 탭 : 시작(이전 효과와 함께), 반복(슬라이드가 끝날 때까지)

**03** '선수'가 위로 점프하기 위해 **'선수'**를 선택하고 **[애니메이션] 탭-[애니메이션] 그룹-[애니메이션 추가]-[이동 경로]-[선]**을 클릭한 후 **[효과 옵션]-[위쪽]**을 클릭해요.

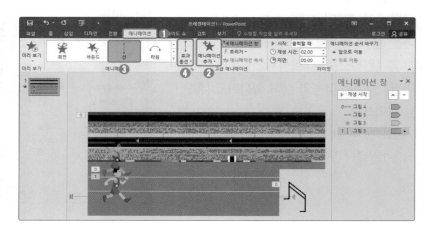

**04** '선수'를 클릭하면 점프하도록 [애니메이션 창]에서 애니메이션 효과를 더블클릭한 후 [위로] 대화상자에서 다음과 같이 설정하고 [확인]을 클릭해요.

• [효과] 탭 : 부드럽게 시작(0초), 부드럽게 종료(0초), '자동 반복' 체크
• [타이밍] 탭 : 재생 시간(0.5초), 시작 옵션(다음을 클릭하면 효과 시작-그림 3)

💡 '자동 반복'을 체크하면 위로 올라갔다가 자동으로 내려오게 됩니다.

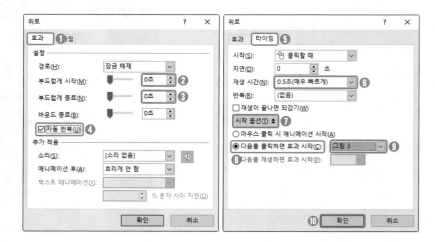

**05** **[파일] 탭-[저장]**을 클릭하여 **"장애물 달리기.pptx"**로 파일을 저장한 후 F5를 눌러 슬라이드 쇼를 실행시켜 '선수'를 클릭하면서 장애물 달리게 게임을 해보세요.

혼자서 뚝딱뚝딱

**1** 실습파일을 열어 작성 조건에 따라 항공기가 위로 떠오르면서 크기가 커지다가 슬라이드 위로 사라지게 하고, 동시에 이륙하는 소리가 나도록 만들어 보세요.

· 실습파일 : 항공기 이륙.pptx, 오디오 파일(이륙 소리)　　· 완성파일 : 항공기 이륙(완성).pptx

 작성 조건

| | |
|---|---|
| [강조]-[크게/작게] | **[효과] 탭**<br>· 크기(250%)<br>· 소리(이륙 소리.wav)<br>**[타이밍] 탭**<br>· 시작(이전 효과와 함께)<br>· 재생 시간(8초) |
| [이동 경로]-[선] | · 효과 옵션 : 방향-위쪽<br>· 이동 경로의 끝점(◀) 클릭 후 Shift 를 누른 채 위쪽 바깥으로 드래그<br>**[효과] 탭**<br>· 부드럽게 시작(0초), 부드럽게 종료(0초)<br>**[타이밍] 탭**<br>· 시작(이전 효과와 함께)<br>· 재생 시간(8초) |

💡 이륙 소리는 [강조]-[크게/작게] 애니메이션의 효과 옵션에서 소리의 '다른 소리...'를 클릭하여 '이륙 소리.wav'를 설정하면 됩니다.

# 18 친구와 함께하는 오목 게임

오목 게임을 개발한 민규는 검은 바둑알과 흰 바둑알을 복제하면서 두게 하였는데 여간 불편한 게 아니었어요. 그래서 내가 두고 싶은 위치를 클릭할 때마다 검은 바둑알과 흰 바둑알을 선택해서 둘 수 있으면 좋겠는데, 어떻게 만들 수 있는지 다함께 차근차근 따라해 볼까요?

**학습목표**
» 도형과 표를 이용하여 바둑판을 만들 수 있습니다.
» 검은 바둑알과 흰 바둑알을 만들 수 있습니다.
» 모든 교차점을 클릭할 때마다 검은 바둑알, 흰 바둑알 순으로 나타나게 할 수 있습니다.

•**실습파일** : 오목 게임.pptx    •**완성파일** : 오목 게임(완성).pptx

미리보기

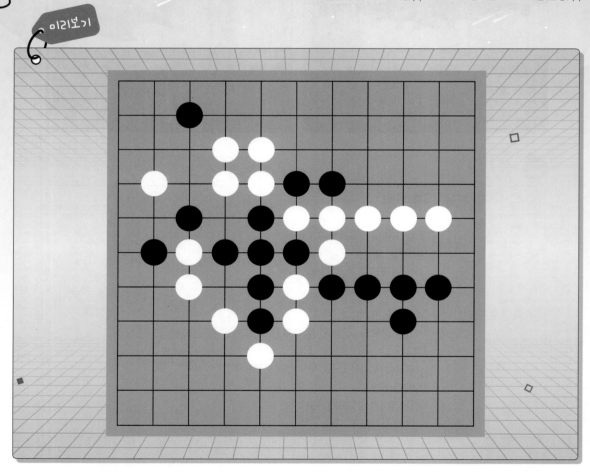

오늘 배울 기능

➡ **정가운데 위치시키기** : [정렬] 그룹-[맞춤]-[가운데 맞춤] 클릭 후 [중간 맞춤] 클릭

➡ **표 삽입** : [삽입] 탭-[표] 그룹-[표]-[표 삽입]

➡ **투명한 개체 만들기** : [도형 서식]-[도형 옵션]-[채우기 및 선]-[채우기]-[투명도]-[100%]

➡ **슬라이드 쇼 계속 진행** : [슬라이드 쇼] 탭-[설정] 그룹-[슬라이드 쇼 설정]-[쇼 형식]-
　　　　　　　　　　　　　[대화형 자동 진행(전체 화면)]

**1 바둑판 만들기**

**01** 파워포인트 2016 프로그램을 실행하여 [18차시] 폴더의 **'오목 게임.pptx'** 파일을 열어요.

**02** **[삽입] 탭-[일러스트레이션] 그룹-[도형]-[사각형]-[직사각형(☐)]**을 클릭하고 드래그하여 직사각형을 그리고 **[그리기 도구-서식] 탭-[크기] 그룹**에서 크기를 설정한 후 **[정렬] 그룹-[맞춤]-[가운데 맞춤]**과 **[중간 맞춤]**을 각각 클릭해요.

· **❸** 크기(높이 17cm, 너비 17cm)

💡 하나의 개체를 [가운데 맞춤], [중간 맞춤]하면 개체가 슬라이드의 정중앙에 위치하게 됩니다.

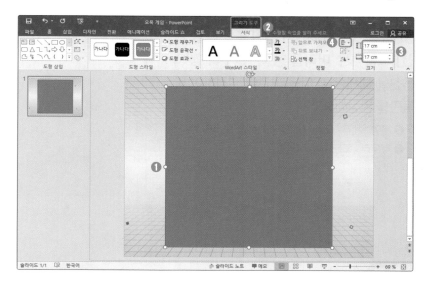

**03** **[그리기 도구-서식] 탭-[도형 스타일] 그룹**에서 도형 채우기와 도형 윤곽선을 다음과 같이 설정해요.

· **❹** 도형 채우기(RGB : 220, 180, 90)
  **❻** 도형 윤곽선(윤곽선 없음)

💡 도형을 마우스 오른쪽 버튼으로 클릭하고 [도형 서식]을 클릭하여 [도형 서식] 작업 창에서 [도형 옵션]-[채우기 및 선]의 채우기 색과 선을 설정해도 됩니다.

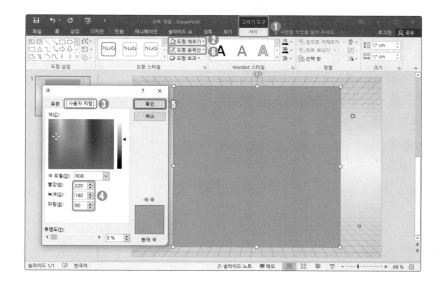

**04** 표를 삽입하기 위해 **[삽입] 탭-[표] 그룹-[표]-[표 삽입]**을 클릭하여 [표 삽입] 대화상자에서 표의 열 개수와 행 개수를 설정한 후 [확인]을 클릭해요.

· **❹** 열 개수(10), 행 개수(10)

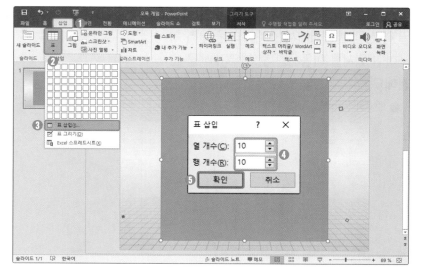

**05** 표가 만들어지면 표의 크기 조정 핸들을 드래그하여 크기를 조정한 후 표를 드래그하여 정사각형 중앙으로 이동해요.

**06** [표 도구-디자인] 탭-[표 스타일 옵션] 그룹에서 '머리글 행'과 '줄무늬 행'의 옵션을 **해제**한 후 다음과 같이 설정하여 바둑판을 완성해요.

· ❹ 음영 : 채우기 없음 ❺ 펜 색 : '검정, 텍스트 1'
　❻ 테두리 : 모든 테두리(田)

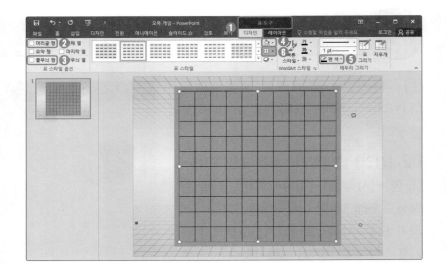

---

 **2 바둑알 만들기**

**01** '검은 바둑알'을 만들기 위해 [타원(◯)]으로 원을 그리고 [그리기 도구-서식] 탭-[크기] 그룹에서 크기를 설정한 후 [도형 스타일] 그룹에서 도형 채우기, 도형 윤곽선을 설정해요.

· ❸ 크기(높이 1.2cm, 너비 1.2cm) ❹ 도형 채우기
(검정, 텍스트 1) ❺ 도형 윤곽선(도형 윤곽선 없음)

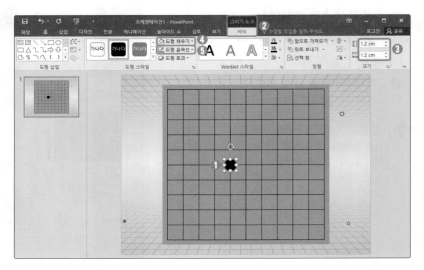

**02** '흰 바둑알'을 만들기 위해 '검은 바둑알'이 선택된 상태에서 Ctrl+D를 눌러 복제하여 위치를 이동시킨 후 채우기 색을 변경해요.

· ❸ 도형 채우기(흰색, 배경 1)

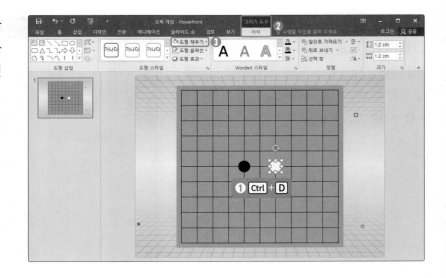

**01** 선과 선이 만나는 교차점을 클릭할 때마다 바둑알이 나타나고 사라지도록 하기 위해 교차점에 '**투명한 개체**'를 만들어야 해요.

**02** '검은 바둑알'이 선택된 상태에서 Ctrl +D를 눌러 복제하여 위치를 이동시켜요. 마우스 오른쪽 버튼으로 클릭하여 [**도형 서식**]을 클릭하고 투명도를 '**100%**'로 설정한 후 작업 창의 [닫기] 버튼을 클릭해요.

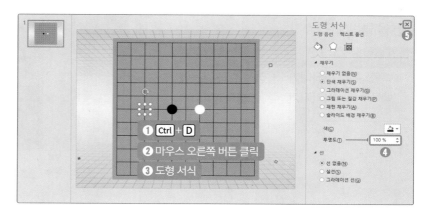

**03** 개체의 이름을 변경하기 위해 [**홈**] 탭-[**편집**] 그룹-[**선택**]-[**선택 창**]을 클릭해요.

**04** 각 개체를 선택하여 [**선택**] 작업 창에서 다음과 같이 개체 이름을 변경해요.

• 검은 바둑알("흑돌"), 흰 바둑알("백돌"),
  투명 개체("투명")

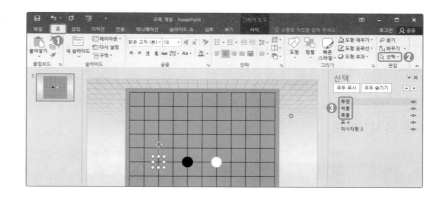

**05** [**선택**] 작업 창의 [닫기] 버튼을 클릭하고 [**고급 애니메이션**] 그룹-[**애니메이션 창**]을 클릭해요.

**06** '투명 개체'를 클릭하면 '검은 바둑알'이 나타나게 하기 위해 '**검은 바둑알**'을 선택하고 [**나타내기**]-[**나타내기**] 애니메이션을 설정한 후 [**고급 애니메이션**] 그룹-[**트리거**]-[**클릭할 때**]-[**투명**]을 클릭해요.

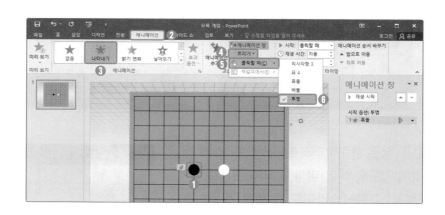

**07** 다시 '투명 개체'를 클릭하면 '검은 바둑알'이 사라지게 하기 위해 [**고급 애니메이션**] 그룹-[**애니메이션 추가**]-[**끝내기**]-[**사라지기**]를 클릭한 후 [**고급 애니메이션**] 그룹-[**트리거**]-[**클릭할 때**]-[**투명**]을 클릭해요.

**08** 같은 방법으로 '투명 개체'를 클릭할 때마다 '흰 바둑알'의 애니메이션을 다음과 같이 적용한 후 [애니메이션 창]에서 [닫기] 버튼을 클릭해요.

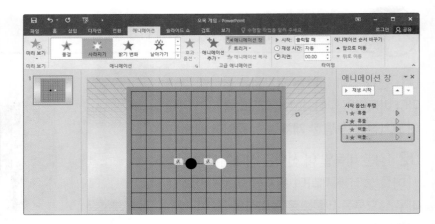

| 개체 이름 | 애니메이션 | 시작 |
|-----------|------------|------|
| '백돌' | 나타내기 | 이전 효과 다음에 |
| '백돌' | 사라지기 | 클릭할 때 |

## 바둑알 정렬하고 복제하기

**01** '검은 바둑알', '흰 바둑알', '투명 개체'를 모두 선택하고 [그리기 도구-서식] 탭-[정렬] 그룹-[맞춤]-[가운데 맞춤]과 [중간 맞춤]을 각각 클릭한 후 맨 왼쪽 위의 교차점으로 드래그하여 이동시켜요.

**02** Ctrl + Shift +드래그하여 오른쪽으로 복제하고 맨 뒷줄의 개체들을 모두 선택한 후 Ctrl + Shift +드래그하여 아래쪽으로 복제해요.

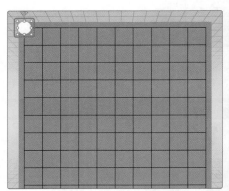
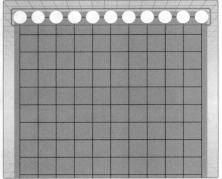
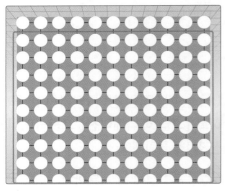

**03** 잘못 클릭하더라도 슬라이드 쇼가 끝나지 않도록 하기 위해 [슬라이드 쇼] 탭-[설정] 그룹-[슬라이드 쇼 설정]을 클릭하고 [쇼 설정] 대화상자에서 쇼 형식을 '대화형 자동 진행(전체 화면)'으로 선택한 후 [확인]을 클릭해요.

**04** F5 를 눌러 슬라이드 쇼를 실행시킨 후 친구와 함께 재미있는 오목 게임을 즐겨 보세요.

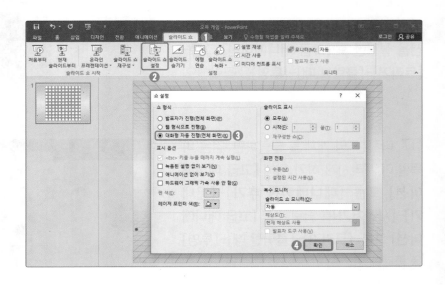

틱택토(tic-tac-toe)는 두 사람이 9개의 칸 속에 번갈아 가며 X나 O를 그려 한 줄을 만들면 이기는 게임이에요. 실습파일을 열어 작성 조건에 따라 칸을 클릭할 때마다 X와 O가 번갈아 가며 나타나도록 만들어 보세요.

• **실습파일** : 틱택토.pptx, 이미지 파일(X, O)　　• **완성파일** : 틱택토(완성).pptx

### 작성 조건

| 개체 이름 | • 투명 사각형 : "투명"<br>• X 그림 : "X"<br>• O 그림 : "O" |
|---|---|
| 애니메이션 | • "투명" 클릭 시 "X" 나타내기<br>• "투명" 클릭 시 "X" 사라진 후 "O" 나타내기<br>• "투명" 클릭 시 "O" 사라지기 |
| 슬라이드 쇼 설정 | • 쇼 형식 : 대화형 자동 진행(전체 화면) |

# 19 도전! 역사 골든벨

한국사에 관심이 많은 은경이는 꼭 알아야 하는 한국사 기본 지식을 친구들에게 재미있게 알려주기 위해 '도전! 역사 골든벨'을 만들려고 해요. 문제가 많기 때문에 슬라이드를 하나씩 복사하기 보다는 슬라이드 마스터를 사용하여 쉽고 빠르고 정확하게 만들어 보아요.

**학습목표**
» 슬라이드 마스터 기능으로 슬라이드의 틀을 만들 수 있습니다.
» 원하는 마스터 슬라이드를 추가할 수 있습니다.
» 골든벨이 반복해서 움직이면서 종소리가 나게 할 수 있습니다.

· 실습파일 : 이미지 파일(골든벨, 꽃가루, 배경1~2, 어린이1~2, 정답1~3, 타이틀), 오디오 파일(종소리)
· 완성파일 : 도전! 골든벨 마스터.pptx

**오늘 배울 기능**

➡ **슬라이드 마스터 작업하기** : [보기] 탭-[마스터 보기] 그룹-[슬라이드 마스터]

➡ **가장자리 부드럽게 만들기** : [그림 도구-서식] 탭-[그림 스타일] 그룹-[그림 효과]-[부드러운 가장자리]

➡ **소리 삽입하기** : [삽입] 탭-[미디어] 그룹-[오디오]-[내 PC의 오디오] 클릭 후 오디오 파일 설정

➡ **원하는 마스터 레이아웃 추가하기** : [삽입] 탭-[슬라이드] 그룹-[새 슬라이드(새 슬라이드)]로 슬라이드 추가 후 [홈] 탭-[슬라이드] 그룹-[레이아웃]

## 1 시작 화면 만들기

**01** 파워포인트 2016 프로그램을 실행하여 [새 프레젠테이션]을 클릭한 후 슬라이드 마스터를 열기 위해 **[보기] 탭-[마스터 보기] 그룹-[슬라이드 마스터]**를 클릭해요.

**02** 시작 화면을 만들기 위해 축소판 그림 창에서 **'제목 슬라이드'** 레이아웃을 선택하고 **[배경] 그룹-[배경 스타일]-[배경 서식]**을 클릭해요.

💡 축소판 그림 창의 레이아웃에 마우스 포인터를 위치시키면 레이아웃 마스터 종류와 어느 슬라이드에서 사용되었는지 표시됩니다.

**03** [배경 서식] 작업 창에서 **[채우기]-[그림 또는 질감 채우기]-[파일]**을 클릭하여 [19차시] 폴더의 **'배경1.jpg'** 파일을 삽입한 후에 [배경 서식] 작업 창의 [닫기] 버튼을 클릭해요.

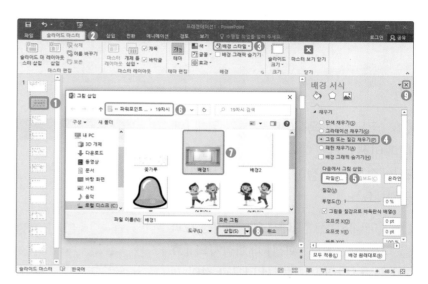

**04** 제목과 부제목 개체 틀을 선택하여 삭제한 후 **[삽입] 탭-[이미지] 그룹-[그림]**을 클릭하여 다음 그림들을 삽입해요.

• '타이틀.png', '어린이1~2.png', '꽃가루.png'

## 2 골든벨 화면 만들기

**01** 골든벨 화면을 만들기 위해 축소판 그림 창에서 **'제목 슬라이드'** 레이아웃을 선택하고 Ctrl+D를 눌러 복제한 후 '타이틀'을 삭제해요.

**02** '**골든벨.png**' 그림을 삽입하고 Shift 를 누른 채 회전 핸들(↻)을 드래그하여 시계 반대 방향으로 **30도** 회전시켜요.

💡 Shift 를 누른 채 개체를 회전시키면 15도씩 회전 되므로, 두 번 회전시키면 30도 회전됩니다.

**03** '골든벨'의 검은 테두리를 없애기 위해 [그림 도구-서식] 탭-[그림 스타일] 그 룹-[그림 효과]-[부드러운 가장자리]- [25 포인트]를 클릭해요.

**04** '골든벨'이 움직이도록 하기 위해 [애 니메이션] 탭-[애니메이션] 그룹-[강 조]-[회전]을 설정하고 [애니메이션 창]을 클릭해요.

**05** [애니메이션 창]에서 애니메이션 효과 를 더블클릭한 후 [회전] 대화상자의 [효 과] 탭과 [타이밍] 탭에서 다음과 같이 설 정한 후 [확인]을 클릭해요.

· [효과] 탭 : 시계 방향 60°, '자동 반복' 체크
· [타이밍] 탭 : 시작(이전 효과와 함께), 재생 시간(4초), 반복(2)

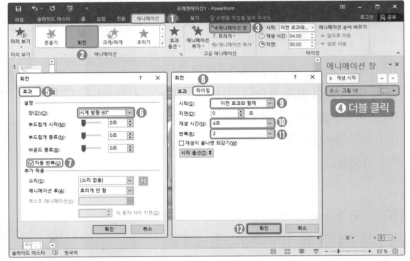

**06** '꽃가루'가 내려오도록 하기 위해 '꽃 가루'를 선택하고 [나타내기]-[올라오기] 를 설정한 후 [효과 옵션]-[떠오르며 내려 가기]를 클릭해요.

**07** [애니메이션 창]에서 애니메이션 효과 를 더블클릭한 후 [아래로 내리기] 대화상 자의 [타이밍] 탭에서 다음과 같이 설정한 후 [확인]을 클릭해요.

· [타이밍] 탭 : 시작(이전 효과와 함께), 재생 시간(3초), 반복(5)

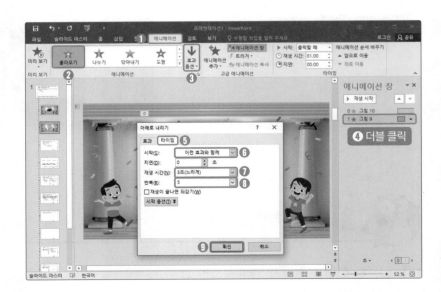

**08** 오디오를 삽입하기 위해 **[삽입] 탭-[미디어] 그룹-[오디오]-[내 PC의 오디오]**를 클릭한 후 [오디오 삽입] 대화상자에서 [19차시] 폴더의 **'종소리.mp3'**를 선택하고 [삽입]을 클릭해요.

**09** **[오디오 도구-재생] 탭-[오디오 옵션] 그룹**에서 **'쇼 동안 숨기기'**를 **체크**하고 [애니메이션 창]에서 애니메이션 효과를 더블 클릭해요. [오디오 재생] 대화상자에서 다음과 같이 설정한 후 [확인]을 클릭하고 [애니메이션 창]에서 [닫기] 버튼을 클릭해요.

• [타이밍] 탭 : 시작(이전 효과와 함께)

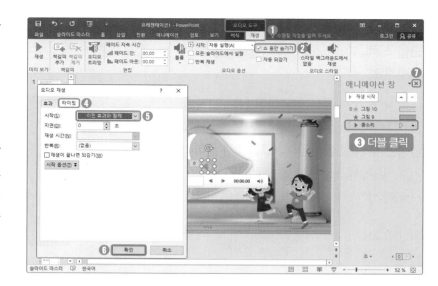

---

## ③ 문제 화면 만들기

**01** 축소판 그림 창에서 **'제목 및 내용'** 레이아웃을 선택하고 **[모서리가 둥근 직사각형(▢)]**을 삽입하여 다음과 같이 설정한 후 노란색 조절점을 왼쪽으로 드래그하여 모서리를 덜 둥글게 만들어요.

• 도형 채우기(RGB : 0, 111, 83)

• 도형 윤곽선 : 색(검정, 텍스트 1), 두께(6pt)

• 크기(높이 16.5cm, 너비 30cm)

• [정렬] 그룹-[맞춤]-[가운데 맞춤]/[중간 맞춤]

• [정렬] 그룹-[뒤로 보내기]-[맨 뒤로 보내기]

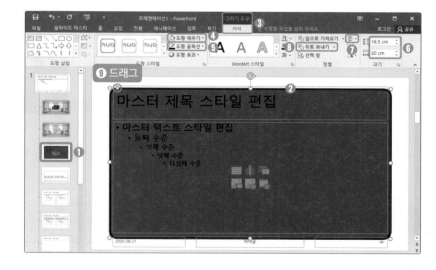

**02** **'골든벨.png'** 그림을 삽입하고 크기와 위치를 조정해요.

**03** 제목 개체 틀의 크기와 위치를 조정하여 **[홈] 탭-[글꼴] 그룹**에서 글꼴과 글꼴 크기, 글꼴 색을 설정하고 **[홈] 탭-[단락] 그룹**에서 맞춤을 설정해요.

• 글꼴(경기천년체목 Medium), 글꼴 크기(48pt), 글꼴 색(주황)

• 맞춤(오른쪽(▤))

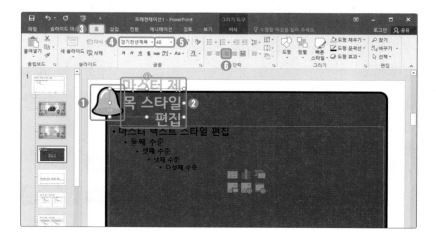

**04** 내용 개체 틀의 **둘째 수준~다섯째 수준**을 드래그하여 선택하고 Delete 를 눌러 삭제해요.

**05** 내용 개체 틀을 선택하고 **[홈] 탭-[글꼴] 그룹**에서 글꼴과 글꼴 크기, 글꼴 색을 설정한 후 **[홈] 탭-[단락] 그룹**에서 글머리 기호, 맞춤, 텍스트 맞춤을 설정해요.

· [글꼴] 그룹 : 글꼴(경기천년체목 Medium), 글꼴 크기(60pt), 글꼴 색(흰색, 배경 1)
· [단락] 그룹 : 글머리 기호(≡) 해제, 맞춤(가운데 맞춤(≡)), 텍스트 맞춤(중간(≡))

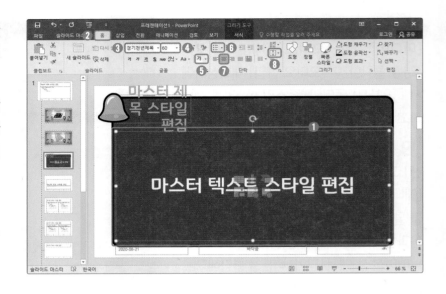

**06** OX 문제 화면을 만들기 위해 축소판 그림 창에서 **'제목 및 내용'** 레이아웃을 선택하고 Ctrl + D 를 눌러 복제해요.

**07** '정답2.png', '정답3.png' 그림을 삽입하고 크기와 위치를 조정해요. **[텍스트 상자]**를 삽입하여 "O", "X"를 입력하고 글꼴과 글꼴 크기를 설정해요.

· 글꼴(경기천년체목 Medium), 글꼴 크기(60pt)

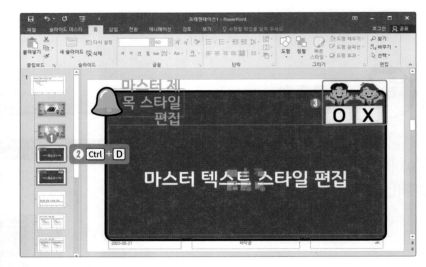

 **4 정답 화면 만들기**

**01** 축소판 그림 창에서 **'1_제목 및 내용'** 레이아웃을 선택하고 Ctrl + D 를 눌러 복제한 후 '골든벨'만 남기고 나머지 개체들은 삭제해요.

**02** '골든벨' 옆에 **[텍스트 상자]**를 삽입하여 **"정답은!!"**을 입력하고 글꼴과 글꼴 크기를 설정한 후 배경을 **'배경2.jpg'**로 채워요.

· 글꼴(경기천년체목 Medium), 글꼴 크기(48pt)

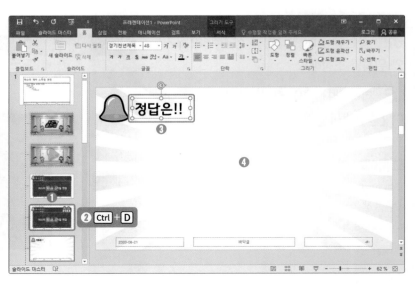

**03** '**정답1.png**' 그림을 삽입하고 문제 화면의 내용 개체 틀을 복사하여 붙여 넣은 후 크기와 위치를 조정하고 글꼴 색을 '**검정, 텍스트 1**'로 변경해요.

**04** 축소판 그림 창에서 '**2_제목 및 내용**' 레이아웃을 선택하고 `Ctrl`+`D`를 **두 번** 눌러 정답 화면을 추가한 후 다음과 같이 만들어요.

· 'O' 정답 화면 : '정답2.png', 글꼴(경기천년체목 Medium), 글꼴 크기(160pt)
· 'X' 정답 화면 : '정답3.png', 글꼴(경기천년체목 Medium), 글꼴 크기(160pt)

 **5 레이아웃 이름 바꾸고 슬라이드 추가하기**

**01** 레이아웃의 이름을 바꾸기 위해 축소판 그림 창에서 '**제목 슬라이드**' 레이아웃을 마우스 오른쪽 버튼으로 클릭하여 [**레이아웃 이름 바꾸기**] 대화상자에서 "**시작**"을 입력한 후 [**이름 바꾸기**]를 클릭해요.

**02** 같은 방법으로 순서대로 다음과 같이 레이아웃 이름을 바꾸어요.

· "골든벨 성공", "텍스트 문제", "OX 문제", "텍스트 정답", "O 정답", "X 정답"

**03** [**슬라이드 마스터**] 탭-[**닫기**] 그룹-[**마스터 보기 닫기**]를 클릭하여 슬라이드 마스터 편집 화면에서 빠져나와요.

**04** 새 슬라이드를 삽입하기 위해 [**홈**] 탭-[**슬라이드**] 그룹-[**새 슬라이드 (새 슬라이드)**]를 클릭하여 '**텍스트 문제**', '**텍스트 정답**', '**OX 문제**', '**O 정답**', '**X 정답**', '**골든벨 성공**' 슬라이드 순으로 삽입하면 슬라이드 마스터를 이용한 준비 작업이 완성돼요.

혼자서 뚝딱뚝딱

① 실습파일을 열어 필요한 레이아웃을 추가하면서 작성 조건에 주어진 역사 문제와 정답을 입력하여 도전! 역사 골든벨을 만들어 보세요.

· 실습파일 : 도전! 역사 골든벨.pptx    · 완성파일 : 도전! 역사 골든벨(완성).pptx

 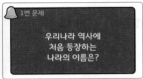 

  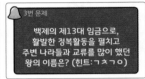

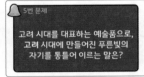  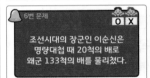

 작성 조건

| 1번 문제 | · 문제 : 우리나라 역사에 처음 등장하는 나라의 이름은? <br> · 정답 : 고조선 |
|---|---|
| 2번 문제 | · 문제 : 고구려는 온조가 부여를 떠나 졸본에 세운 나라이다. <br> · 정답 : X |
| 3번 문제 | · 문제 : 백제의 제13대 임금으로, 활발한 정복활동을 펼치고 주변 나라들과 교류를 많이 했던 <br> 왕의 이름은? (힌트:ㄱㅊㄱㅇ) <br> · 정답 : 근초고왕 |
| 4번 문제 | · 문제 : 신라의 수도는 금성(경주)이다. <br> · 정답 : O |
| 5번 문제 | · 문제 : 고려 시대를 대표하는 예술품으로, 고려 시대에 만들어진 푸른빛의 자기를 통틀어 <br> 이르는 말은? <br> · 정답 : 고려청자 |
| 6번 문제 | · 문제 : 조선시대의 장군인 이순신은 명량대첩 때 20척의 배로 왜군 133척의 배를 물리쳤다. <br> · 정답 : X |

# 20 윙윙~ 꿀벌의 여행

은경이는 '꿀벌의 여행' 동요를 따라 부르다보니 동요 가사처럼 꿀벌의 여행 게임을 만들면 좋겠다고 생각했어요. 거칠고 험한 장애물을 통과하며 쉬지 않고 꿀을 찾는 꿀벌의 여행을 다함께 만들고 직접 게임을 해보면서 난이도를 조정해 보세요.

**학습목표**
» 마우스 포인터가 장애물에 닿으면 게임을 멈추게 할 수 있습니다.
» 게임이 멈추면 다시 하거나 그만 하게 할 수 있습니다.
» 모든 꿀을 다 따면 성공 화면으로 이동하게 할 수 있습니다.

· 실습파일 : 꿀벌의 여행.pptx, 이미지 파일(벌꿀, 거미줄, 선인장)  · 완성파일 : 꿀벌의 여행(완성).pptx

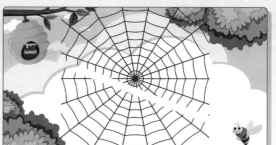

**오늘 배울 기능**

➡ **도형 병합하기** : [그리기 도구-서식] 탭-[도형 삽입] 그룹-[도형 병합]-[빼기]

➡ **마우스로 클릭하면 슬라이드 이동하기** : [삽입] 탭-[링크] 그룹-[실행]-[마우스를 클릭할 때] 탭-[하이퍼링크]-[슬라이드 번호]

➡ **마우스 포인터 닿으면 슬라이드 이동하기** : [삽입] 탭-[링크] 그룹-[실행]-[마우스를 위에 놓았을 때] 탭-[하이퍼링크]-[슬라이드 번호]

## 1 게임 버튼 하이퍼링크 설정하기

**01** [20차시] 폴더의 **'꿀벌의 여행.pptx'** 파일을 열어 **1번 슬라이드**의 **'게임 방법'** 버튼을 선택하고 **[삽입] 탭-[링크] 그룹-[실행]**을 클릭한 후 [실행 설정] 대화상자에서 **[마우스를 클릭할 때] 탭-[하이퍼링크]-[슬라이드...]-'2. 슬라이드 2'**를 설정하고 [확인]을 클릭해요.

**02** 같은 방법으로 **'게임 시작'** 버튼은 **'3. 슬라이드 3'**으로 하이퍼링크를 설정해요.

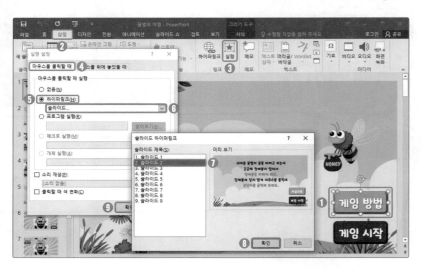

**03** 같은 방법으로 **2번 슬라이드**의 **'처음으로'** 버튼은 **'첫째 슬라이드'**, **'게임 시작'** 버튼은 **'3. 슬라이드 3'**으로 하이퍼링크를 설정해요.

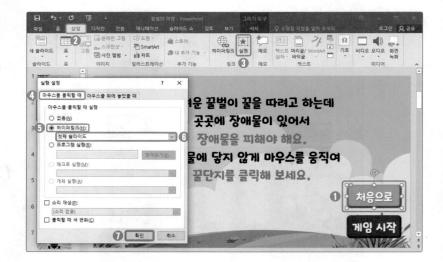

## 2 닿으면 게임이 끝나는 장애물 만들기

**01** 3번 슬라이드를 선택하고 **[삽입] 탭-[이미지] 그룹-[그림]**을 클릭하여 [20차시] 폴더의 **'거미줄.png'**를 삽입한 후 한가운데 위치시켜요.

**02** **[삽입] 탭-[일러스트레이션] 그룹-[도형]-[사각형]-[직사각형(□)]**을 클릭하여 가로로 긴 직사각형을 삽입하고 회전 핸들(↻)을 드래그하여 꿀벌과 벌통이 연결되도록 회전시켜요.

**03** '**거미줄**'을 먼저 클릭하고 Shift 를 누른 채 **직사각형**을 클릭해 선택한 후 [**그리기 도구-서식**] 탭-[**도형 삽입**] 그룹-[**도형 병합**]-[**빼기**]를 클릭해요.

💡 '거미줄'을 중심으로 직사각형과 겹치는 부분을 빼기 위해 [빼기]를 실행합니다.

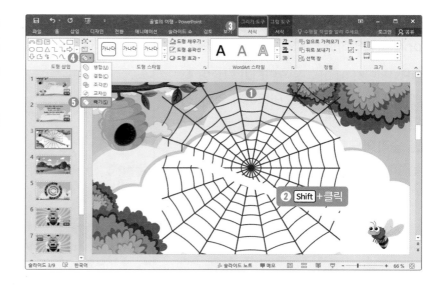

**04** 만들어진 통로를 제외한 거미줄에 마우스 포인터가 닿으면 실패 화면인 6번 슬라이드 이동하기 위해 '**거미줄**'을 선택하고 [**삽입**] 탭-[**링크**] 그룹-[**실행**]을 클릭해요.

**05** [실행 설정] 대화상자에서 [**마우스를 위에 놓았을 때**] 탭-[**하이퍼링크**]-[**슬라이드...**]를 설정하고 [슬라이드 하이퍼링크] 대화상자에서 '**6. 슬라이드 6**'을 선택하고 대화상자에서 모두 [확인]을 클릭해요.

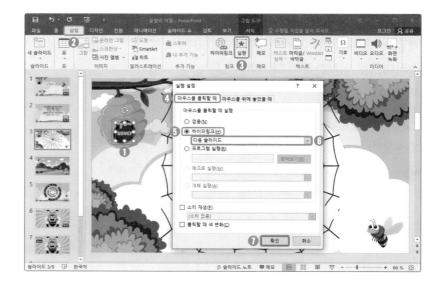

**06** '**벌꿀.png**'를 삽입하고 [**삽입**] 탭-[**링크**] 그룹-[**실행**]을 클릭한 후 [실행 설정] 대화상자에서 [**마우스를 클릭할 때**] 탭-[**하이퍼링크**]-'**다음 슬라이드**'를 설정하고 [확인]을 클릭해요.

**07** **4번 슬라이드**를 선택하여 '**선인장. png**'를 삽입하고 크기와 위치를 조정해요.

**08** '선인장'에 마우스 포인터가 닿으면 실패 화면인 7번 슬라이드 이동하기 위해 '**선인장**'을 선택하고 마우스를 위에 놓으면 **7번 슬라이드**로 이동하도록 하이퍼링크를 설정해요.

**09** 실행 설정이 완료된 '선인장'을 다음과 같이 **4개** 더 복제하고 그 중에 **2개**는 상하 대칭시킨 후 위치를 조정해요.

💡 회전 핸들(⟳)을 드래그하거나 [그리기 도구-서식] 탭-[정렬] 그룹-[회전]-[상하 대칭]을 클릭하여 상하 대칭시키면 됩니다.

**10** **3번 슬라이드**의 '**벌꿀**' 그림을 복사하여 붙여 넣은 후 꽃들 사이로 위치를 이동시켜요.

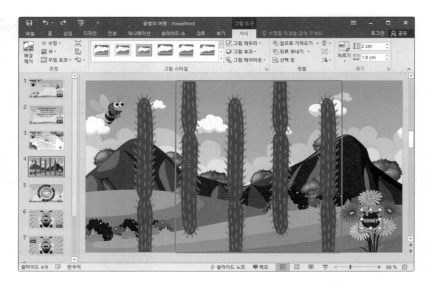

**11** **5번 슬라이드**에서 왼쪽 위의 '**둥근 벽**'을 선택하고 마우스를 위에 놓으면 **8번 슬라이드**로 이동하도록 하이퍼링크를 설정해요.

**12** 같은 방법으로 나머지 5개의 '**둥근 벽**'도 동일하게 하이퍼링크를 설정해요.

💡 첫 번째 '둥근 벽'에 하이퍼링크를 설정한 후 나머지 '둥근 벽'들도 각각 선택 후 F4를 누르면 동일한 하이퍼링크가 설정돼요.

## ③ 장애물 애니메이션 설정하기

**01** 왼쪽 위의 **'둥근 벽'**을 선택하고 **[애니메이션]** 탭-**[애니메이션]** 그룹-**[강조]**-**[크게/작게]** 애니메이션을 선택해요.

**02** **[고급 애니메이션]** 그룹-**[애니메이션 창]**을 클릭하여 **[애니메이션 창]**에서 애니메이션 효과를 더블클릭한 후 **[크게/작게]** 대화상자의 **[효과]**와 **[타이밍]** 탭에서 다음과 같이 설정해요.

· [효과] 탭 : 크기(250%), 자동 반복 체크
· [타이밍] 탭 : 시작(이전 효과와 함께), 재생 시간(5초), 반복(슬라이드가 끝날 때까지)

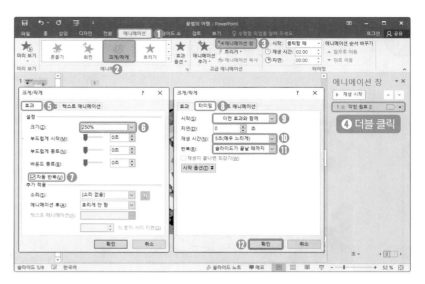

**03** 나머지 5개의 '둥근 벽'도 동일하게 애니메이션을 설정하기 위해 첫 번째 '둥근 벽'이 선택된 상태에서 **[고급 애니메이션]-[애니메이션 복사]**를 더블클릭한 후 나머지 '둥근 벽'들을 하나씩 클릭하고 마지막에 [Esc]를 눌러요.

🖐️ 여러 개체에 애니메이션을 복사하려면 반드시 [애니메이션 복사]를 더블클릭해야 합니다.

**04** **3번 슬라이드**의 **'벌꿀'** 그림을 복사하여 붙여 넣고 정가운데로 위치를 이동시킨 후 **'마지막 슬라이드'**로 하이퍼링크를 수정해요.

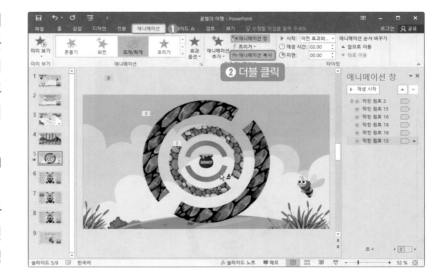

## ④ 나머지 버튼 하이퍼링크 설정하기

**01** **6~9번 슬라이드**의 각 버튼에 하이퍼링크를 다음과 같이 설정하면 완성돼요.

· [다시 하기] : 슬라이드 3
· [그만 하기] : 쇼 마침

· [다시 하기] : 슬라이드 4
· [그만 하기] : 쇼 마침

· [다시 하기] : 슬라이드 5
· [그만 하기] : 쇼 마침

· [처음으로] : 첫째 슬라이드
· [그만 하기] : 쇼 마침

# 혼자서 뚝딱뚝딱

**1** 앞에서 완성한 파일을 열어 장애물 화면과 성공 화면을 작성 조건에 따라 기능을 추가하거나 변경하여 더욱 재미있는 업그레이드 게임을 만들어 보세요.

・실습파일 : 꿀벌의 여행(완성).pptx       ・완성파일 : 꿀벌의 여행(업그레이드).pptx

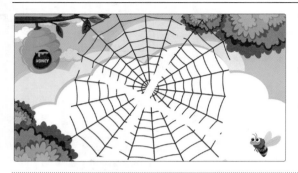

- '거미줄'에 기존의 통로와 수직이 되는 통로 추가
  - [직사각형] 도형 추가
  - [도형 병합]-[빼기]
- '거미줄'에 닿으면 '폭발' 소리가 나도록 설정
  - [실행 설정] 대화상자에서 [소리 재생]-[폭발]
- '거미줄'에 [강조]-[회전] 애니메이션 설정
  - 시작(이전 효과 다음에)
  - 재생 시간(30초)
  - 반복(슬라이드가 끝날 때까지)

- '선인장'에 [강조]-[흔들기] 애니메이션 설정
  - 시작(이전 효과와 함께)
  - 재생 시간(1초)
  - 반복(슬라이드가 끝날 때까지)
- 왼쪽에서부터 2~5번째 '선인장'에 지연 시간을 '0.2초', '0.4초', '0.6초', '0.8초' 설정
- '선인장'에 닿으면 '폭발' 소리가 나도록 설정
  - [실행 설정] 대화상자에서 [소리 재생]-[폭발]

- '둥근 벽' 애니메이션 설정 변경
  - 크기(250%) → 크기(50%)
- '둥근 벽'에 닿으면 '폭발' 소리가 나도록 설정
  - [실행 설정] 대화상자에서 [소리 설정]-[폭발]

- 슬라이드가 나타나면서 '박수' 소리가 나도록 설정
  - [전환] 탭-[타이밍] 그룹-[소리]-[박수] 설정

# 21 숨은그림찾기 게임

숨은그림찾기에 푹 빠져 있는 은경이는 스케치북에 그림을 숨겨 놓고 친구에게 찾아보라고 했어요. 친구들이 정말 재미있어 하는 모습을 본 은경이는 컴퓨터 시간에 배운 애니메이션 기능을 활용해서 더 멋지게 만들었다고 하는데, 우리도 은경이처럼 숨은그림찾기를 만들어 볼까요?

**학습목표**

» 그림의 색을 변경할 수 있습니다.
» 숨은 그림을 찾으면 'O' 표시가 나타나게 할 수 있습니다.
» 그림이 아닌 곳을 클릭하면 'X' 표시가 나타나게 할 수 있습니다.

• **실습파일** : 숨은그림찾기.pptx, 이미지 파일(선글라스, 삼각자, 수박, 가위, 불가사리, 자동차, 니모, 자)
• **완성파일** : 숨은그림찾기(완성).pptx

**미리보기**

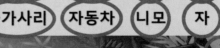

**오늘배울기능**

➡ **그림 다시 칠하기** : [그림 도구-서식] 탭-[조정] 그룹-[색]

➡ **애니메이션 시작 조건 설정하기** : [효과 옵션]-[타이밍] 탭-[시작 옵션]-[다음을 클릭하면 효과 시작]

➡ **투명한 개체 만들기** : [도형 서식]-[도형 옵션]-[채우기 및 선]-[채우기]-[투명도]-[100%]

**01** [21차시] 폴더의 '**숨은그림찾기.pptx**' 파일을 열고 [**텍스트 상자**]를 삽입하여 숨은 그림 목록을 입력하고 글꼴을 설정해요.

- 글꼴(맑은 고딕), 글꼴 크기(20pt), 글꼴 스타일(굵게, 텍스트 그림자)

**02** '**수박.png**'를 삽입하여 코끼리의 입 모양에 맞추고, '**니모.png**'를 삽입하여 노루의 머리털에 위치시켜요.

**03** '**삼각자.png**'를 삽입하여 **오른쪽으로 90도 회전**시키고 오른쪽 위에 위치시켜요.

**04** '**삼각자**'의 색을 다시 칠하기 위해 [**그림 도구-서식**] 탭-[**조정**] 그룹-[**색**]-[**녹색, 어두운 강조색 6**]을 클릭해요.

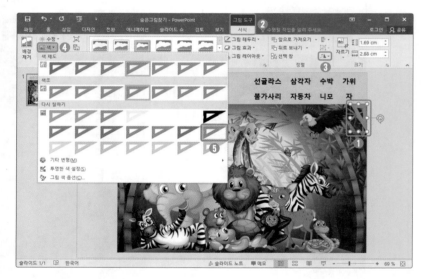

**05** 같은 방법으로 '**선글라스**', '**가위**', '**불가사리**', '**자동차**', '**자**' 그림을 삽입하여 배경과 비슷한 색상으로 '**다시 칠하기**'하여 다음과 같이 색을 설정해요.

- '선글라스' : [다시 칠하기]-[세피아]
- '가위' : [다시 칠하기]-[흑백: 75%]
- '불가사리' : [다시 칠하기]-[주황, 어두운 강조색 2]
- '자동차' : [다시 칠하기]-[녹색, 어두운 강조색 6]
- '자' : [다시 칠하기]-[녹색, 어두운 강조색 6]

**06** 개체의 이름을 변경하기 위해 **[홈] 탭-[편집] 그룹-[선택]-[선택 창]**을 클릭하여 그림을 하나씩 클릭하며 이름을 변경한 후 [선택] 작업 창의 [닫기] 버튼을 클릭해요.

 **2 'O' 애니메이션 설정하기**

**01** 숨은 그림을 클릭하면 그림과 해당 그림의 이름에 **'O'** 표시가 나타나도록 하기 위해 **[삽입] 탭-[일러스트레이션] 그룹-[도형]-[기본 도형]-[타원(◯)]**을 클릭하여 '불가사리' 위에 타원을 그리고 도형 스타일을 설정해요.

· 도형 채우기(채우기 없음), 도형 윤곽선(진한 빨강), 두께(4½pt)

**02** 타원을 '불가사리' 텍스트에 복제한 후 텍스트의 크기에 맞게 크기를 조정해요.

**03** [Shift]를 이용하여 타원 2개를 선택하고 **[애니메이션] 탭-[애니메이션] 그룹-[나타내기]-[밝기 변화]**를 설정해요.

여러 개체를 선택하여 한꺼번에 애니메이션을 지정하면 두 번째 개체부터는 '시작'이 '이전 효과와 함께'로 설정됩니다.

**04** **[고급 애니메이션] 그룹-[애니메이션 창]**을 클릭하여 [애니메이션 창]에서 애니메이션 목록에서 화살표(▼)를 클릭하고 **[효과 옵션]**을 선택한 후 다음과 같이 설정해요.

· [타이밍] 탭 : 재생 시간(1초), 다음을 클릭하면 효과 시작(불가사리)

**05** 같은 방법으로 나머지 숨은 그림과 텍스트에 타원을 삽입하여 애니메이션을 적용하고 실행해 보세요.

## ③ 'X' 애니메이션 설정하기

**01** 숨은 그림이 아닌 부분을 클릭하면 **'X'** 표시가 나타나도록 하기 위해 **[삽입] 탭**-**[일러스트레이션] 그룹**-**[도형]**-**[사각형]**-**[직사각형(□)]**을 클릭하고 드래그하여 그림 영역에 맞춰 삽입한 후 다음과 같이 설정해요.

· **④** 투명도(100%) **⑤** 선(선 없음) **⑥** 뒤로 보내기(맨 뒤로 보내기)

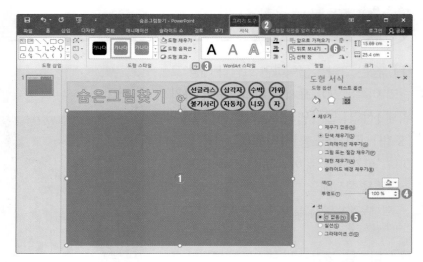

**02** **[삽입] 탭**-**[일러스트레이션] 그룹**-**[도형]**-**[수식 도형]**-**[곱셈 기호(⊗)]**을 클릭하고 드래그하여 다음과 같이 설정해요.

· 도형 채우기(진한 빨강), 도형 윤곽선(윤곽선 없음)

**03** **[애니메이션] 탭**-**[애니메이션] 그룹**-**[나타내기]**-**[밝기 변화]**를 설정하고 [애니메이션 창]에서 애니메이션 효과를 더블클릭한 후 다음과 같이 설정해요.

· [효과] 탭 : 애니메이션 후(애니메이션 후 숨기기)
· [타이밍] 탭 : 시작(클릭할 때), 재생 시간(0.5초), 다음을 클릭하면 효과 시작(직사각형 35)

💡 만드는 과정에 따라 '직사각형 35'의 번호가 다를 수 있는데, 맨 마지막 직사각형을 선택하거나 [선택] 작업 창에서 확인합니다.

혼자서 뚝딱뚝딱

**1** 실습파일을 열어 작성 조건에 따라 그림 9개를 꼭꼭 숨기고 텍스트를 입력한 후 숨은 그림을 클릭하면 그림과 그림 목록에 'O' 표시가 나타나고, 숨은 그림이 아닌 곳을 클릭하면 '번개'가 나타났다 사라지도록 만들어 보세요.

• **실습파일** : 바다숨은그림찾기.pptx, 이미지 파일(해초, 종, 키, 수박, 닻, 튜브, 망원경, 자, 나침판)
• **완성파일** : 바다숨은그림찾기(완성).pptx

🧭 **작성 조건**

| | |
|---|---|
| 숨은 그림 | • 숨은 그림 9개를 배경 화면에 배치<br>• 숨은 그림이 배경에 어울리도록 '다시 칠하기' 설정<br>• 개체 이름 변경 |
| 그림 목록 | • 글꼴(안동엄마까투리)    • 글꼴 크기(20pt) |
| 'O' 표시 | • 숨은 그림을 클릭하면 그림과 그림 목록에 '밝기 변화' 애니메이션 실행<br>• 애니메이션 효과 옵션<br>  – 공통 : 재생 시간(0.5초), 다음을 클릭하면 효과 시작(해당 그림 개체 이름)<br>  – 그림 위 'O' : 시작(클릭할 때)<br>  – 그림 목록 위 'O' : 시작(이전 효과와 함께) |
| 사각형 추가 | • [사각형]–[직사각형]<br>• 투명도(100%)    • 선(선 없음)    • 뒤로 보내기(맨 뒤로 보내기) |
| '번개' 표시 | • [기본 도형]–[번개]<br>• 도형 스타일(색 채우기 – 황금색, 강조 4)<br>• 숨은 그림을 클릭하면 '압축' 애니메이션 실행<br>• 애니메이션 효과 옵션<br>  – 애니메이션 후(애니메이션 후 숨기기)<br>  – 시작(클릭할 때), 재생 시간(1초), 다음을 클릭하면 효과 시작(직사각형 개체) |

# 22 맛있는 피자 만들기

장래 희망이 요리사인 지윤이는 요즘 피자 만들기에 푹 빠져 있어요. 피자 도우 위에 올리는 토핑에 따라 다양한 피자를 만들 수 있고, 굽는 방법에 따라 맛이 달라진답니다. 친구들에게 맛있는 피자 만드는 방법을 소개하는 동영상에 자막을 추가하여 재미있게 만들어 볼까요?

**학습목표**
» 동영상 파일을 삽입하고 자동으로 재생되게 할 수 있습니다.
» 텍스트에 애니메이션을 적용할 수 있습니다.
» 동영상에 자막이 순서대로 나타났다 사라지게 할 수 있습니다.

· 실습파일 : 피자 만들기.pptx, 비디오 파일(토핑 올리기, 피자 굽기) · 완성파일 : 피자 만들기(완성).pptx

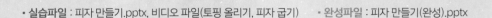

5. 모차렐라 치즈와 체다 치즈로 마무리!

피자가 굽히면서 점점 부풀어 오르죠?

➡ **동영상 파일 삽입하기** : [삽입] 탭-[미디어] 그룹-[비디오]-[내 PC의 비디오]

➡ **동영상 파일 자동 재생하기** : [비디오 도구-재생] 탭-[비디오 옵션] 그룹-[시작]-[자동 실행]

➡ **특정 시간 후에 애니메이션 시작** : [애니메이션] 탭-[타이밍] 그룹-[지연]

# 1 표지 만들기

**01** 파워포인트 2016 프로그램을 실행하여 [22차시] 폴더의 '**피자 만들기.pptx**' 파일을 열어요.

**02** 텍스트 상자를 삽입하여 "**맛있는 피자 만들기**"를 입력한 후 다음과 같이 설정해요.

· 글꼴(안동엄마까투리), 글꼴 크기(88pt), 글꼴 색("맛있는"/"만들기"-'흰색, 배경 1', "피자"-'황금색, 강조 4')

**03** [**애니메이션**] 탭-[애니메이션] 그룹-[자세히(▼)]-[**추가 나타내기 효과**]를 클릭하여 [나타내기 효과 변경] 대화상자에서 [**떨어지기**]를 선택한 후 [확인]을 클릭해요.

**04** [**타이밍**] 그룹에서 시작을 '**이전 효과 다음에**'로 설정해요.

# 2 토핑 올리기 영상 만들기

**01** 2번 슬라이드를 선택하여 [**삽입**] 탭-[미디어] 그룹-[비디오]-[**내 PC의 비디오**]를 클릭한 후 [비디오 삽입] 대화상자에서 [22차시] 폴더의 '**토핑 올리기.mp4**'를 선택하고 [삽입]을 클릭해요.

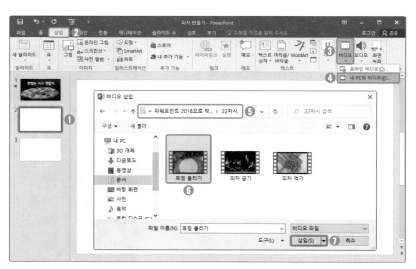

**02** 슬라이드 쇼 실행 시 동영상이 자동으로 재생되게 하기 위해 **[비디오 도구-재생] 탭-[비디오 옵션] 그룹**의 시작을 '**자동 실행**'으로 설정해요.

**03** 동영상에 자막을 추가하기 위해 **[삽입] 탭-[텍스트] 그룹-[WordArt]-[A]**를 클릭하여 텍스트를 입력한 후 다음과 같이 설정해요.

· WordArt 스타일(채우기 – 흰색, 윤곽선 – 강조 1, 그림자)
· 텍스트("1. 피자 도우에 토마토 소스를 발라요.")
· 글꼴(안동엄마까투리), 글꼴 크기(48pt)

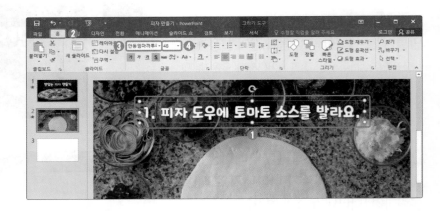

**04** 자막이 나타나도록 하기 위해 자막을 선택하고 **[애니메이션] 탭-[애니메이션] 그룹-[나타내기]-[나타내기]**를 설정해요.

**05** 자막이 사라지는 애니메이션을 추가하기 위해 **[고급 애니메이션] 그룹-[애니메이션 추가]-[끝내기]-[사라지기]**를 클릭해요.

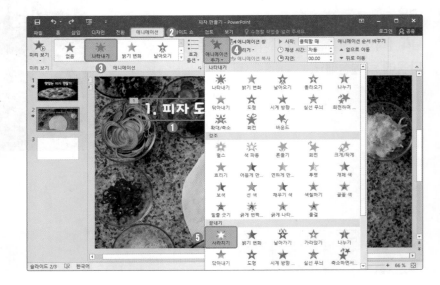

**06** 자막을 추가하기 위해 자막을 Ctrl+Shift+드래그하여 아래쪽에 **4개** 복제한 후 내용을 수정해요.

· "2. 모차렐라 치즈를 골고루 뿌려요."
· "3. 매콤한 페퍼로니를 올려요."
· "4. 몸에 좋은 채소들을 올려요."
· "5. 모차렐라 치즈와 체다 치즈로 마무리!"

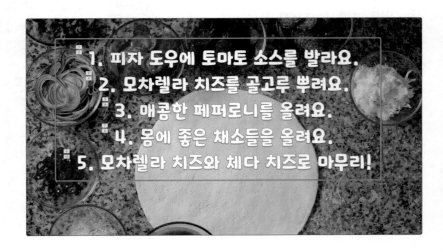

**07** 자막이 순서대로 나타났다 사라지도록 하기 위해 **[고급 애니메이션] 그룹-[애니 메이션 창]**을 클릭하여 타이밍을 다음과 같 이 설정해요.

| 자막 | 애니 메이션 | 시작 | 지연 |
|------|-----------|------|------|
| 1번 | 나타내기 | 이전 효과와 함께 | 0초 |
| | 사라지기 | | 8초 |
| 2번 | 나타내기 | 이전 효과와 함께 | 8.5초 |
| | 사라지기 | | 15.5초 |
| 3번 | 나타내기 | 이전 효과와 함께 | 16초 |
| | 사라지기 | | 25.5초 |
| 4번 | 나타내기 | 이전 효과와 함께 | 26초 |
| | 사라지기 | | 41초 |
| 5번 | 나타내기 | 이전 효과와 함께 | 41.5초 |
| | 사라지기 | | 57초 |

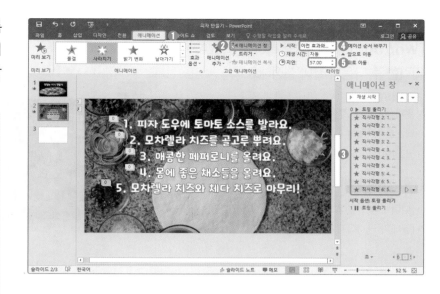

**08** 자막이 같은 자리에 보여지도록 하기 위해 5개의 자막을 모두 선택하고 **[그리기 도구-서식] 탭-[정렬] 그룹-[맞춤]-[위 쪽 맞춤]**을 클릭해요.

**09** [애니메이션 창]에서 맨 위의 애니메 이션을 선택하고 **[재생 시작]**을 클릭하여 자막을 확인해 보세요.

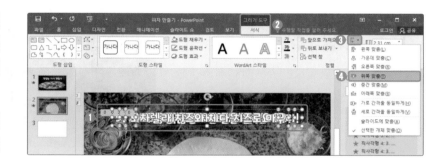

## ③ 피자 굽기 영상 만들기

**01** **3번 슬라이드**를 선택하여 **'피자 굽 기.mp4'**를 삽입한 후 비디오 시작을 **'자동 실행'**으로 설정해요.

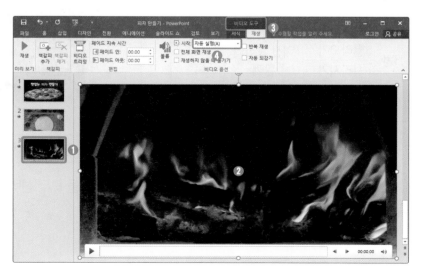

**02** [삽입] 탭-[텍스트] 그룹-
[WordArt]-[A]를 클릭하여 텍스트를
입력한 후 다음과 같이 설정해요.

- WordArt 스타일(채우기 – 주황, 강조 2,
  윤곽선 – 강조 2)
- 텍스트("화덕에 피자를 구우면 맛이 기가 막혀요!")
- 글꼴(안동엄마까투리), 글꼴 크기(48pt)

**03** 자막에 애니메이션을 2개 설정해요.

- [나타내기]-[올라오기]
- [끝내기]-[사라지기]

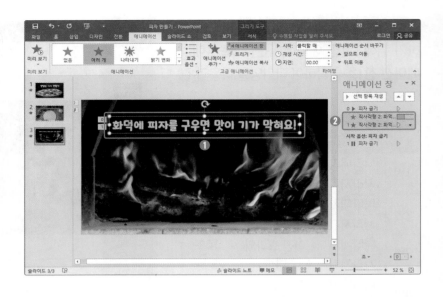

**04** 자막을 추가하기 위해 자막을 Ctrl
+Shift+드래그하여 아래쪽에 **3개** 복제한
후 내용을 수정해요.

- "피자가 굽히면서 점점 부풀어 오르죠?"
- "그럼 잠시 불멍을 즐겨 볼까요?"
- "피자가 다 익어가는데 어서 꺼내요!"

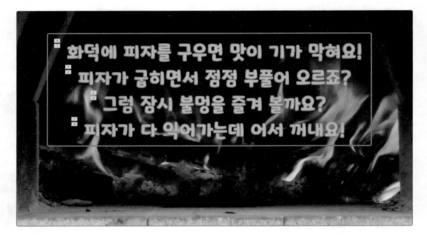

**05** 자막이 순서대로 나타났다 사라지도록
하기 위해 타이밍을 다음과 같이 설정해요.

| 자막 | 애니메이션 | 시작 | 지연 |
|---|---|---|---|
| 1번 | 올라오기 | 이전 효과와 함께 | 0초 |
| | 사라지기 | | 10초 |
| 2번 | 올라오기 | 이전 효과와 함께 | 11초 |
| | 사라지기 | | 20초 |
| 3번 | 올라오기 | 이전 효과와 함께 | 21초 |
| | 사라지기 | | 44초 |
| 4번 | 올라오기 | 이전 효과와 함께 | 45초 |
| | 사라지기 | | 49초 |

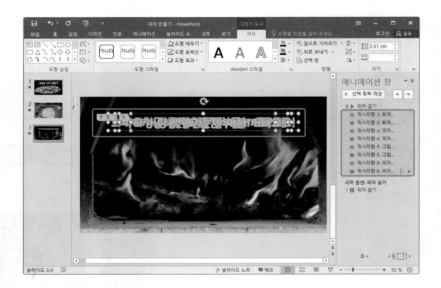

**06** 자막이 같은 자리에 보여지도록 하기 위해 4개의 자막을 모두 선택하고 **[그리기 도구-서식] 탭-[정렬] 그룹-[맞춤]-[위쪽 맞춤]**을 클릭해요.

**1** 앞에서 완성한 파일을 열어 피자가 게 눈 감추듯 사라지는 영상을 삽입하고 작성 조건에 따라 재미 있는 자막을 추가하여 만들어 보세요.

· 실습파일 : 피자 만들기-1.pptx, 비디오 파일(피자 먹기)　　· 완성파일 : 피자 만들기-1(완성).pptx

### 작성 조건

| 4번 슬라이드 | · 슬라이드 추가<br>· 배경 서식 : 단색 채우기(검정, 텍스트 1) |
| --- | --- |
| 비디오 | · '피자 먹기.mp4'<br>· 시작(자동 실행) |
| 자막 텍스트 | · "자, 그럼 다함께 먹어 볼...?!"<br>· "이런ㅠㅠ"<br>· "다시 제자리로!!" |
| 자막 애니메이션 | · 나타내기<br>　– [나타내기]–[닦아내기]<br>　– 효과 옵션(방향–왼쪽에서)<br>· 끝내기<br>　– [끝내기]–[사라지기] |

타이밍

| 자막 | 애니메이션 | 시작 | 재생 시간 | 지연 |
| --- | --- | --- | --- | --- |
| 1번 | 닦아내기 | 이전 효과와 함께 | 2.5초 | 1초 |
| | 사라지기 | | 자동 | 4.5초 |
| 2번 | 닦아내기 | 이전 효과와 함께 | 1초 | 4.5초 |
| | 사라지기 | | 자동 | 6초 |
| 3번 | 닦아내기 | 이전 효과와 함께 | 1초 | 6초 |
| | 사라지기 | | 자동 | 10초 |

# 23 부모님께 띄우는 영상 편지

하준이는 어버이날을 맞이하여 부모님께 영상 편지를 보내드리려고 해요. 예쁜 배경에 편지글을 쓰고 배경 음악과 여러 가지 효과를 넣은 다음에 비디오 파일로 만들 생각이에요. 지금까지 배운 기능들을 활용하여 부모님께 감동적인 영상 편지를 띄워 볼까요?

**학습목표**
» 배경 음악을 삽입하고 텍스트 애니메이션 효과를 문자 단위로 적용할 수 있습니다.
» 화면 전환 효과를 설정하고 지정한 시간이 지나면 자동으로 전환되게 할 수 있습니다.
» 완성된 영상 편지 문서 파일을 비디오 파일 형식으로 전환할 수 있습니다.

· 실습파일 : 영상 편지.pptx, 이미지 파일(내사진, 우리가족), 오디오 파일(영상편지-배경음악)
· 완성파일 : 영상 편지(완성).pptx, 영상 편지(비디오).mp4

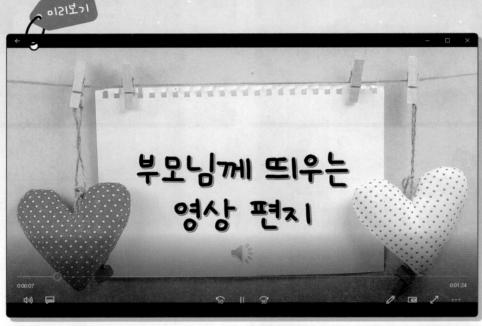

➡ **배경 음악 슬라이드 전체 계속 재생** : [오디오 도구-재생] 탭-[오디오 스타일] 그룹-[백그라운드에서 재생]

➡ **애니메이션 효과 적용하기** : [애니메이션] 탭-[애니메이션] 그룹-[애니메이션 효과]

➡ **화면 전환 효과 적용하기** : [전환] 탭-[슬라이드 화면 전환] 그룹-[전환 효과]

**01** 파워포인트 2016 프로그램을 실행하여 [23차시] 폴더의 '**영상 편지.pptx**' 파일을 열어요.

**02** [슬라이드 1]~[슬라이드 8]까지 부모님께 보낼 편지를 입력하고 슬라이드 6과 슬라이드 8에는 그림도 삽입해요.

| 슬라이드 1 | 슬라이드 2 | 슬라이드 3 | 슬라이드 4 |
|---|---|---|---|
|  |  | 예쁜 우리 엄마 ... | 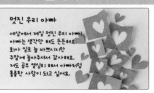 |
| 부모님께 띄우는 영상 편지 | 엄마♥아빠<br>어버이날을 맞이하여<br>영상 편지를 만드는 시간이에요.<br>꼭 쓰라고 해서 쓰는 건 아니고<br>평소 생각한 마음을 전해드려요~ | 예쁜 우리 엄마<br>세상에서 제일 예쁜 우리 엄마!<br>우릴 위해 매일 맛있는 음식을<br>만들어 주셔서 감사합니다.<br>매일 먼 곳까지 출퇴근하시느라<br>많이 힘드실 텐데 힘내세요.<br>앞으로 엄마 말씀 잘 들을게요. | 멋진 우리 아빠<br>세상에서 제일 멋진 우리 아빠!<br>아빠는 생각만 해도 든든해요.<br>회사 일로 늘 바쁘시지만<br>주말에 놀아주셔서 감사해요.<br>저도 공부 열심히 해서 아빠처럼<br>훌륭한 사람이 되고 싶어요. |

| 슬라이드 5 | 슬라이드 6 | 슬라이드 7 | 슬라이드 8 |
|---|---|---|---|
|  |  |  |  |
| 사이좋은 우리 남매<br>그동안 제가 누나랑 싸워서<br>많이 속상하셨죠?<br>속상하게 해드려서 죄송해요.<br>앞으로 누나랑 얘기할 때<br>짜증내지 않고<br>사이좋게 지낼게요.^^ | 추억이 가득한 우리 가족<br>그림 삽입('우리가족.jpg')<br>우리 가족 캠핑하는 모습 | 엄마 아빠~<br>제 마음 잘 보셨나요?<br>제가 항상 부모님께<br>감사의 마음을 가지고<br>있다는 것 말이에요.<br>오늘도 감사합니다.<br>정하준 올림 | "엄마 아빠 사랑해요"<br>그림 삽입('내사진.png') |

**03** 배경 음악을 삽입하기 위해 **1번 슬라이드**를 선택하고 [삽입] 탭-[미디어] 그룹-[오디오]-[내 PC의 오디오]를 클릭한 후 [오디오 삽입] 대화상자에서 [23차시] 폴더의 '**영상편지-배경음악.mp3**'를 선택하고 [삽입]을 클릭해요.

**04** 오디오 아이콘을 아래로 드래그한 후 배경 음악이 슬라이드 전체에 걸쳐 계속 재생되도록 [오디오 도구-재생] 탭-[오디오 스타일] 그룹-[백그라운드에서 재생]을 클릭해요.

**01** 2번 슬라이드에서 [Shift]를 이용하여 제목 개체 틀과 내용 개체 틀을 모두 선택하고 [애니메이션] 탭-[애니메이션] 그룹-[밝기 변화] 애니메이션을 선택해요.

**02** [고급 애니메이션] 그룹-[애니메이션 창]을 클릭한 후 [애니메이션 창]의 애니메이션 목록에서 화살표(▼)를 클릭하여 [효과 옵션]을 선택해요.

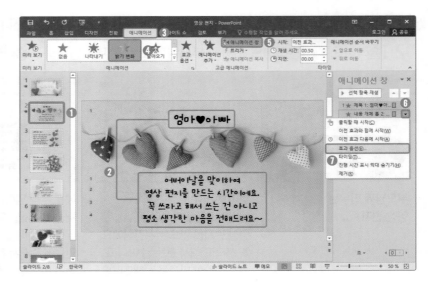

**03** [밝기 변화] 대화상자에서 다음과 같이 설정한 후 [확인]을 클릭해요.

· [효과] 탭 : 텍스트 애니메이션(문자 단위로, 10% 문자 사이 지연)
· [타이밍] 탭 : 시작(이전 효과 다음에 ), 재생 시간(0.75초)

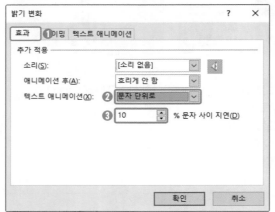 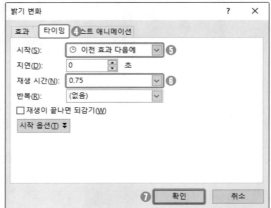

**04** 같은 방법으로 **3~8번 슬라이드**의 애니메이션을 다음과 같이 설정해요.

| 구분 | 애니메이션 | 텍스트 애니메이션 | 시작 | 재생 시간 |
|------|-----------|----------------|------|----------|
| 슬라이드 3 | [나타내기]-[회전] | | | 0.75초 |
| 슬라이드 4 | [나타내기]-[회전하면 밝기 변화] | | | 1초 |
| 슬라이드 5 | [나타내기]-[확대/축소] | 문자 단위로 (문자 사이 지연은 기본값) | 이전 효과 다음에 | 0.75초 |
| 슬라이드 6 | [나타내기]-[실선 무늬] | | | 1초 |
| 슬라이드 7 | [나타내기]-[올라오기] | | | 0.75초 |
| 슬라이드 8 | [강조]-[흔들기] | | | 1.25초 |

## ③ 화면 전환 효과 설정하기

**01** 1번 슬라이드를 선택하고 [전환] 탭-[슬라이드 화면 전환] 그룹의 [자세히(▾)] 버튼을 클릭하여 [커튼]을 선택한 후 [타이밍] 그룹의 '다음 시간 후'를 체크하고 '4초'로 설정해요.

**02** 2번 슬라이드를 선택하고 Shift 를 누른 채 7번 슬라이드를 클릭하여 2~7번 슬라이드를 선택해요.

**03** [전환] 탭-[슬라이드 화면 전환] 그룹-[갤러리]를 선택해요.

**04** [타이밍] 그룹의 '다음 시간 후'를 체크하고 각 슬라이드마다 다음과 같이 시간을 설정해요.

- 슬라이드 2 : 8초
- 슬라이드 3 : 12초
- 슬라이드 4 : 12초
- 슬라이드 5 : 11초
- 슬라이드 6 : 6초
- 슬라이드 7 : 10초

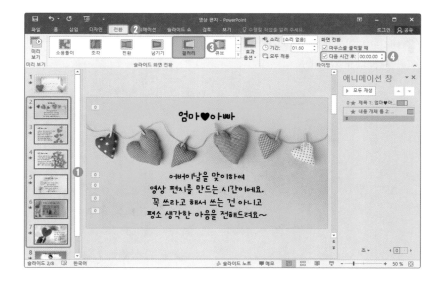

**05** 8번 슬라이드를 선택하고 [전환] 탭-[슬라이드 화면 전환] 그룹-[소용돌이]를 선택한 후 [타이밍] 그룹의 '다음 시간 후'를 체크하고 '8초'로 설정해요.

**01** [파일] 탭-[다른 이름으로 저장]을 클릭하고 [찾아보기]를 클릭해요.

**02** [다른 이름으로 저장] 대화상자에서 저장할 폴더를 [23차시]로 지정하고 파일 이름을 '**영상 편지(비디오)**'로 입력한 후 파일 형식은 '**MPEG-4 비디오**'를 선택한 다음 [저장]을 클릭해요.

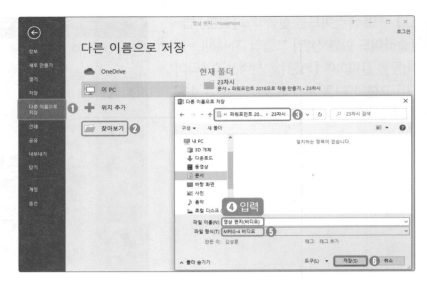

**03** 비디오 파일로 변환하는 과정을 거쳐요.

💡 비디오 파일로 변환되는 시간은 컴퓨터의 성능에 따라 다를 수 있습니다.

**04** 저장된 비디오 파일을 실행하여 부모님께 띄우는 영상 편지를 감상해 보세요.

## 1. 실습파일을 열어 작성 조건대로 애니메이션과 화면 전환 효과를 적용하고 감상해 보세요.

• **실습파일** : 감사 편지.pptx, 오디오 파일(감사편지-배경음악)  • **완성파일** : 감사 편지(완성).pptx

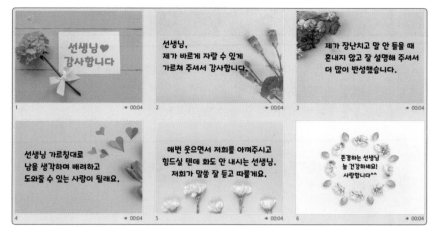

 작성 조건

• 1번 슬라이드에 '감사편지-배경음악.mp3' 오디오 파일 삽입 후 '백그라운드에서 재생' 설정
• 애니메이션/화면 전환 효과

| 구분 | 애니메이션 | | | 화면 전환 | |
|---|---|---|---|---|---|
| | 종류 | 시작 | 재생 시간 | 종류 | 다음 시간 후 |
| 슬라이드 1 | [강조]-[색칠하기] | 이전 효과와 함께 | 3초 | [화려한 효과]-[벌집형] | |
| 슬라이드 2 | [나타내기]-[닦아내기] | | | | |
| 슬라이드 3 | [나타내기]-[올라오기] | | | | |
| 슬라이드 4 | [나타내기]-[나누기] | 이전 효과 다음에 | 1초 | [화려한 효과]-[페이지 말아 넘기기] | 4초 |
| 슬라이드 5 | [나타내기]-[밝기 변화] | | | | |
| 슬라이드 6 | [나타내기]-[확대/축소] | | | | |

## 2. ①번에서 작성한 감사 편지 파일을 비디오 파일로 저장해 보세요.

• **실습파일** : 감사 편지(완성).pptx  • **완성파일** : 감사 편지(비디오).mp4

# 24 템플릿으로 선생님 되기

장래 희망이 선생님인 태윤이는 과학 수업 "자석의 이용"에서 배운 내용으로 진짜 선생님처럼 수업 자료를 만들어보고 싶었어요. 그런데 처음부터 다 만들려니 막막해졌어요. 이미 만들어진 템플릿을 내려 받아 빠르고 멋지게 만들고 친구들에게 자랑해 볼까요?

**학습목표**
» 에듀넷 사이트에 접속하여 템플릿 파일을 내려 받을 수 있습니다.
» 필요한 글꼴을 설치할 수 있습니다.
» 템플릿을 활용하여 발표 자료를 만들 수 있습니다.

• 실습파일 : 이미지 파일(나침반, 물체1~3, 생활1~4, 자석1~4, 장난감1~2), 비디오 파일(장난감3)
• 완성파일 : 자석의 이용(완성).pptx

**미리보기**

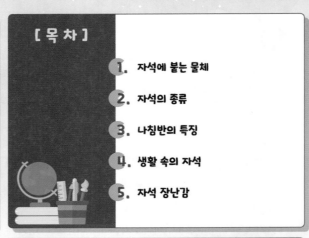

**오늘 배울 기능**

➡ **PPT 템플릿 내려 받기** : 에듀넷(www.edunet.net) 사이트 접속-[창의적 체험활동]-[글꼴·이미지·음악·PPT]-[PPT템플릿]

➡ **그림 삽입** : [삽입] 탭-[이미지] 그룹-[그림]

➡ **동영상 파일 삽입하기** : [삽입] 탭-[미디어] 그룹-[비디오]-[내 PC의 비디오]

# 1 템플릿 파일 내려 받기

**01** 크롬이나 마이크로소프트 엣지 등의 웹 브라우저를 실행한 후 주소 "**www.edunet.net**"을 입력하여 접속하여 '**에듀넷**'의 [**바로가기**]를 클릭해요.

**02** [**창의적 체험활동**] 메뉴를 클릭하고 [**글꼴·이미지·음악·PPT**]의 [**PPT템플릿**]을 클릭해요.

**03** 검색 상자에 "**교육**"을 입력하여 [**검색**] 버튼을 클릭한 후 초록색 템플릿의 [**다운로드**]를 클릭해요.

**04** 내려 받은 압축 파일을 풀고 [**안심글꼴 PPT – 교육1(학생용)_글꼴**] 폴더에 포함되어 있는 글꼴들을 설치해요.

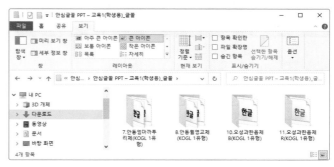

글꼴 폴더에 있는 파일을 더블클릭하여 글꼴 설치 창에서 [설치] 버튼을 클릭하여 설치하거나 글꼴 파일을 'C:\Windows\Fonts' 폴더로 복사하여 설치할 수 있습니다.

**05** '**안심글꼴 PPT – 교육1(학생용).pptx**' 파일을 더블클릭하여 실행해요.

**06** 파일이 열리면 제한된 보기 알림 표시의 [**편집 사용**]을 클릭해요.

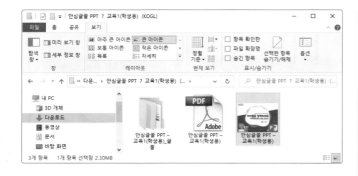

**01** **1번 슬라이드**에서 왼쪽 위의 **LOGO** 를 삭제하고 다음과 입력해요.

💡 발표자에는 여러분의 이름을 입력하고 불필요한 부분은 삭제하면서 작업합니다.

**02** **2번 슬라이드**에서 오른쪽 위의 **LOGO** 를 삭제하고 다음과 입력해요.

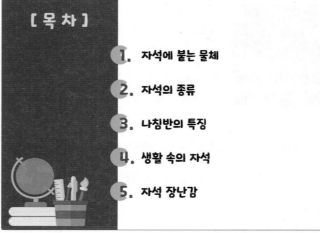

**03** **기존 3번 슬라이드**를 삭제하고 **새로운 3번 슬라이드**의 윗부분에 목차를 입력해요. 슬라이드에 있는 기존 그림을 삭제하고 물체 그림을 삽입한 후 내용을 입력해요.

· 그림 : 물체1~3.png
· 설명 부분 글꼴 크기 : 20pt

**04** **4번 슬라이드**의 윗부분에 목차를 입력하고 내용을 입력한 후 기존 텍스트 상자를 삭제하고 자석 그림을 삽입해요.

· 그림 : 자석1~4.png
· 자석 이름 글꼴 크기 : 20pt

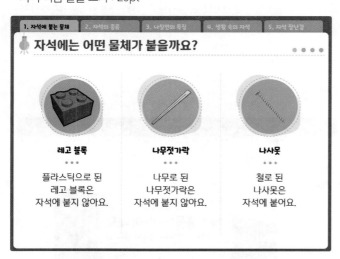

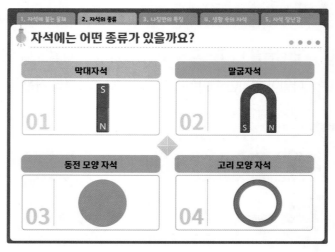